Je cuisine
pour vous

Coordination des recettes : Sophie Brissaud

Concept graphique : francis m

Connectez-vous sur :
www.lamartiniere.fr

ISBN : 2-8307-0724-9

Je cuisine pour vous

JEAN-LUC PETITRENAUD

Photographies : Mathieu Garçon

Pastels : Nà Luther

Stylisme : Cris Dupouy

Minerva

Il ne faut surtout pas confondre casserole et cocotte. La première peut avoir une connotation vulgaire dans la bouche d'un ripailleur. D'ailleurs, elle s'accroche souvent aux fesses du p'tit gars qui n'a rien compris à la vie (« il a des casseroles aux fesses »). La cocotte, elle, parle d'amour et s'accroche au cœur de celui qui l'aime tel l'œillet à la boutonnière. La cocotte a du charme et une forme de romantisme. On ne l'utilise pas en cuisine, on la traite comme on traite un ami à table après une longue séparation. On lui fixe un rendez-vous à une heure précise pour débuter une conversation gourmande comme il en existe rarement. J'aime ma cocotte, vous l'avez compris. Elle seule peut comprendre les jus courts comme je les espère, les viandes dorées comme je les veux, les légumes luisants comme je les rêve parfois. Je ne divorcerai jamais d'elle. Dès la première rencontre, nous avons décidé que ce serait à la vie à la mort. Pour aller jusqu'aux noces d'or, voire plus si Dieu nous prête vie, je prends soin de l'écouter d'une oreille attentive. Je maîtrise le feu au centième de millimètre pour qu'elle fredonne sa mélodie dans un tempo juste. Je lui pose son couvercle sur la tête comme la modiste pose le chapeau sur la tête de la belle-mère du marié. Je suis fidèle à ma cocotte, je ne la prête à personne. Elle est à moi pour la vie. Avec le temps, elle aussi prend quelques rides et je la trouve plus belle encore. « Avec le temps va tout s'en va », chantait Léo Ferré… sauf la cocotte. À l'heure où l'on pousse l'aïeul dans son fauteuil vers la fenêtre pour qu'il raconte les saisons aux arrière-petits-enfants, le cuisinier, lui, sollicite encore plus sa vieille cocotte. À la manière d'un stradivarius qui se bonifie en jouant, ma cocotte devient de plus en plus belle en mitonnant. Ma cocotte est éternelle. Elle ne mourra jamais. L'homme disparaît, et la cocotte reste. De ma vie de cuisinier du dimanche, je n'ai jamais vu un homme jeter une cocotte à la poubelle. Au pire, il la garde comme une voiture ancienne au fond de son placard, le chapeau retourné sur sa tête pour annoncer sa retraite. Il n'existe pas encore d'argus de la cocotte. Je préfère, car la mienne est inestimable.

JEAN-LUC PETITRENAUD

Sommaire

PRINTEMPS, 9

ÉTÉ, 41

AUTOMNE, 81

HIVER, 117

INDEX, 158

PRINTEMPS

Volaille rôtie et pommes de terre à l'échirlète

Pour 4 personnes

1 beau poulet fermier de 1,5 kg, vidé et bridé
le jus de 1 citron
2 branches de thym de Provence
1 petit-suisse
1/2 cuillerée à soupe de graines de coriandre
1 feuille de laurier
1 noix de beurre clarifié
fleur de sel, poivre du moulin

Les pommes de terre

800 g de pommes de terre rondes à chair ferme
3 gousses d'ail
12 cl de bouillon de bœuf
2 cuillerées à soupe de graisse d'oie
sel, poivre du moulin

Préchauffez le four à 200 °C (th. 6-7).

Battez le jus de citron avec du sel, du poivre et le thym effeuillé. Frottez entièrement le poulet de ce mélange. Malaxez le petit-suisse avec la coriandre et le reste de l'assaisonnement. Dans la cavité intérieure du poulet, placez la feuille de laurier et le petit-suisse aromatisé. Faites cuire le poulet au four de 1 heure à 1 h 15 environ avec le beurre clarifié, en l'arrosant fréquemment et en ajoutant un peu d'eau bouillante dans le plat si la cuisson s'assèche trop. Vérifiez la chaleur du four, baissez-la légèrement si besoin est. Au sortir du four, laissez reposer le poulet 20 minutes environ, couvert d'une feuille d'aluminium.

Pendant la cuisson du poulet, pelez et lavez les pommes de terre. Essuyez-les soigneusement dans du papier absorbant. Pelez les gousses d'ail.

Dans une casserole, faites chauffer le bouillon. Quand il frémit, ajoutez les pommes de terre et l'ail. Couvrez, baissez le feu et faites cuire 15 minutes sur feu doux. Le bouillon doit être entièrement absorbé.

Dans une poêle, faites chauffer la graisse d'oie. Faites-y dorer doucement les pommes de terre et l'ail sur feu doux pendant environ 20 minutes, en les retournant souvent pour les dorer sur toutes leurs faces. Rectifiez l'assaisonnement et servez les pommes de terre bien chaudes avec le poulet découpé et une salade à l'huile de noix.

Morue en chapelure de champignons

Coupez la morue en gros morceaux.
De 12 à 24 heures à l'avance (selon le degré de salinité), déposez la morue dans une passoire, placez celle-ci dans une grande bassine et faites tremper le tout dans une grande quantité d'eau froide que vous renouvelez plusieurs fois. Quand la morue est bien dessalée, retirez la peau.
Portez de l'eau à ébullition dans une grande casserole avec le thym, le laurier, l'oignon, le vert de poireau et le poivre mignonnette. Faites bouillir 5 minutes, ajoutez la morue et retirez immédiatement du feu. Couvrez et faites pocher 10 minutes, puis égouttez et effeuillez la morue. Réservez.
Passez au mixeur les cèpes séchés et la chapelure. Réservez.
Préchauffez le four à 240 °C (th. 8).
Nettoyez les champignons frais. Poêlez-les pendant 10 minutes dans la moitié de l'huile d'olive avec sel et poivre. Réservez.
Dans la même poêle, avec le reste de l'huile d'olive, faites revenir les deux oignons émincés jusqu'à ce qu'ils deviennent translucides. Saupoudrez-les de paprika. Ajoutez la morue effeuillée, laissez cuire doucement 5 minutes. Ajoutez enfin, hors du feu, les champignons et le persil plat.
Débarrassez le contenu de la poêle ainsi que l'huile de cuisson dans une cocotte ou dans un plat à gratin. Saupoudrez de la chapelure de champignons et laissez gratiner un quart d'heure au four.

Pour 6 personnes

800 g de filets de morue salés
1 branche de thym
1 feuille de laurier
1 oignon émincé
le vert de 1 poireau
1/2 cuillerée à café de poivre mignonnette
20 g de cèpes séchés
50 g de chapelure
250 g de champignons de Paris, de girolles ou de petits bolets
4 cuillerées à soupe d'huile d'olive
2 oignons émincés
1 cuillerée à dessert de paprika
1 petit bouquet de persil plat ciselé
sel, poivre du moulin

Volaille sautée à la crème

Pour 4 personnes

1 volaille de Bresse coupée en 8 morceaux
2 poignées de morilles séchées
ou 200 g de morilles fraîches
1 échalote
1 cuillerée à soupe d'huile d'arachide
40 g de beurre
25 cl de vin blanc sec
25 cl de crème fraîche
sel, poivre du moulin

Nettoyez soigneusement les morilles fraîches en les passant plusieurs fois sous l'eau courante afin d'éliminer toute impureté cachée dans les alvéoles. Si vous utilisez des morilles séchées, couvrez-les d'eau chaude et laissez reposer 10 minutes. Nettoyez les morilles comme précédemment, égouttez et réservez.

Ciselez finement l'échalote.

Dans une cocotte, faites chauffer l'huile et le beurre. Faites-y dorer les morceaux de volaille sur feu moyen en prenant soin de bien dorer toutes les faces ; prenez votre temps, la coloration doit se mener avec minutie. Ajoutez l'échalote ciselée, salez et poivrez. Couvrez et laissez mijoter 40 minutes sur feu doux en retournant les morceaux régulièrement. La volaille doit encore dorer au cours de cette cuisson, tout en cuisant dans son jus. 15 minutes avant la fin de la cuisson, ajoutez les morilles.

Retirez les morceaux de volaille de la cocotte et réservez-les sur un plat creux de service. Dégraissez partiellement la cocotte si nécessaire et, sur feu vif, déglacez la cuisson avec le vin. Raclez bien le fond avec une spatule en bois afin de décoller les sucs. Ajoutez ensuite la crème fraîche et faites réduire la sauce à la consistance voulue. Rectifiez l'assaisonnement et servez la volaille nappée de la sauce, accompagnée de pommes de terre sautées ou de riz blanc. Débouchez un bon vin blanc de Bourgogne.

Canard braisé aux choux-raves

Épluchez les oignons, la carotte et les choux-raves. Taillez un oignon et la carotte en petits dés (mirepoix), hachez grossièrement les abattis du canard. Taillez les choux-raves et les deux oignons restants en dés de 1,5 cm environ, réservez-les dans un récipient couvert.

Dans une casserole, faites chauffer la moitié du beurre et de l'huile. Faites-y colorer la mirepoix d'oignon et de carotte avec les abattis de canard sur feu moyen pendant 5 minutes, puis ajoutez la farine en pluie et remuez encore 1 minute. Ajoutez le vin blanc, l'eau, le bouquet garni, sel et poivre. Portez à ébullition, baissez le feu et laissez frémir 30 minutes sur feu doux sans couvrir. Ce temps écoulé, passez ce fond de sauce au chinois.

Dans une grande cocotte, faites dorer le canard au beurre et à l'huile sur toutes ses faces. Salez et poivrez. Dégraissez la cocotte et versez-y le fond de sauce. Laissez mijoter 10 minutes sur feu doux.

Portez de l'eau à ébullition dans une grande casserole et faites-y blanchir les dés de chou-rave et d'oignon pendant 5 minutes. Égouttez, rafraîchissez, puis ajoutez le tout au contenu de la cocotte. Couvrez et faites mijoter sur feu doux pendant 40 à 50 minutes, jusqu'à ce que le canard soit tendre. Au terme de la cuisson, rectifiez l'assaisonnement.

Servez le canard découpé avec les choux-raves nappés du jus de cuisson. Accompagnez ce plat d'un saint-joseph rouge.

Pour 4 personnes

1 canard de 2 kg, bridé, avec ses abattis à part (foie, gésier, cœur, ailerons et cou)
3 oignons
1 carotte
1 kg de choux-raves ou de rutabagas
50 g de beurre
2 cuillerées à soupe d'huile d'arachide
1 cuillerée à soupe de farine
30 cl de vin blanc sec
30 cl d'eau
1 bouquet garni (thym, laurier, queues de persil)
sel, poivre du moulin

Poule farcie au pot

Pour 6 personnes

1 poule de 3 kg, vidée, avec son foie
4 cuillerées à soupe de graisse d'oie ou de canard
1 oignon
3 clous de girofle
1 branche de thym
1 feuille de laurier
1/2 boule de céleri-rave
6 carottes nouvelles
6 navets nouveaux
6 jeunes poireaux
gros sel, poivre en grains

La farce
50 g de mie de pain rassis
1 verre de lait
2 gousses d'ail
1 oignon
1/2 bouquet de persil plat
1/2 bouquet de ciboulette
1/2 bouquet de cerfeuil
2 jaunes d'œufs
5 cl de porto ou de madère
sel, poivre du moulin

La vinaigrette
1 œuf
1 échalote
1/2 bouquet de persil plat
1/2 bouquet de ciboulette
1/2 bouquet de cerfeuil
3 cuillerées à soupe de vinaigre de vin
1 cuillerée à café de moutarde
6 cuillerées à soupe d'huile d'olive
6 cuillerées à soupe d'huile d'arachide
sel, poivre du moulin

Comme vous devez utiliser la moitié des herbes pour la farce et l'autre moitié pour la vinaigrette, prenez des bottes entières de chaque herbe et séparez-les en deux.

Faites tremper la mie de pain dans le lait pendant 5 minutes. Pressez le pain pour éliminer l'humidité, réservez.

Hachez très finement l'ail, l'oignon, le persil, la ciboulette, le cerfeuil et le foie de la poule. Salez et poivrez généreusement. Mélangez le tout à la mie de pain avec votre main, en ajoutant un par un les jaunes d'œufs. Ajoutez enfin le porto ou le madère.

Farcissez la poule de ce mélange, recousez-la et bridez-la. Faites-la revenir dans la graisse d'oie en la laissant légèrement colorer sur toutes les faces. Mouillez d'eau à hauteur, ajoutez l'oignon piqué des clous de girofle, le thym et le laurier. Ajoutez 1 cuillerée à soupe de gros sel et 1 grosse pincée de grains de poivre noir. Portez à ébullition, couvrez, baissez le feu et faites cuire 2 h 30 à petit bouillon.

Pelez et lavez le céleri-rave. Nettoyez, parez et lavez les carottes, les navets et les poireaux. 30 minutes avant la fin de la cuisson, ajoutez au contenu de la cocotte le céleri, les carottes et les navets. 10 minutes avant la fin de la cuisson, ajoutez les poireaux.

Préparez une vinaigrette : faites cuire l'œuf dur, écalez-le et hachez finement le blanc. Hachez finement l'échalote et les herbes. Dans un bol, versez le vinaigre, ajoutez le sel et mélangez pour bien dissoudre celui-ci. Dans un autre bol, écrasez le jaune d'œuf dur avec la moutarde. Ajoutez le vinaigre salé et l'échalote hachée. Poivrez et incorporez les deux huiles en battant énergiquement à l'aide d'un petit fouet. Ajoutez enfin les herbes et rectifiez l'assaisonnement.

Égouttez la poule et les légumes, sortez la farce. Présentez la poule découpée, la farce et les légumes sur un grand plat. Accompagnez de la vinaigrette.

Le lendemain, vous pouvez déguster le bouillon avec un peu de vermicelle.

Lapin sauté à la moutarde

Pour 4 personnes

1 lapin coupé en morceaux
1 cuillerée à soupe d'huile d'arachide
50 g de beurre
1 cuillerée à soupe rase de farine
1 oignon piqué de 3 clous de girofle
1 bouquet garni (thym, laurier, queues de persil)
3 cuillerées à soupe de crème fraîche
1 cuillerée à soupe (ou plus) de moutarde forte de Dijon
sel, poivre du moulin

Faites chauffer l'huile et 20 g de beurre dans une grande sauteuse et faites-y dorer les morceaux de lapin sur toutes leurs faces.

Faites chauffer une cocotte en fonte sur feu vif et transférez-y les morceaux de lapin bien dorés, ajoutez le beurre, laissez fondre en remuant et ajoutez la farine en pluie. Continuez de mélanger ; la farine doit blondir.

Ajoutez l'oignon piqué des clous de girofle et le bouquet garni. Salez et poivrez. Couvrez bien la cocotte ; pour que la cuisson se conduise bien à l'étouffée, placez une feuille d'aluminium entre cocotte et couvercle, posez ce dernier et froissez l'aluminium contre les bords de la cocotte. Laissez cuire 45 minutes sur feu doux.

Au bout de ce temps, déposez les morceaux de lapin sur un plat de service et gardez au chaud. Dans un bol, mélangez la crème et la moutarde. Incorporez ce mélange au jus de cuisson en fouettant sur feu doux. Rectifiez l'assaisonnement, versez cette sauce sur le lapin et servez.

L'artichaut

Qui s'y frotte s'y pique... L'artichaut ne se confie pas au premier venu. Il faut l'apprivoiser en l'effeuillant comme la marguerite. « Je t'aime artichaut, un peu, beaucoup, à la folie... » En fait, sous ton côté rebelle et défendu se cache un bon fond que l'on découvre après un long déshabillage. En vinaigrette, à la provençale, à la diable, à la bretonne, à la lyonnaise, on peut toujours compter sur toi quand on connaît une panne de cœur.

Capouns

(petits choux farcis provençaux)

Pour 6 personnes

2 ou 3 choux verts bien pommés
30 g de riz
200 g de petit salé (palette ou échine)
100 g de parmesan râpé
3 œufs
2 cuillerées à soupe d'huile d'olive
1 litre de bouillon de légumes
gros sel, sel fin, poivre noir du moulin

Retirez les feuilles abîmées des choux. Prélevez les feuilles principales et aplatissez-les à l'aide d'un rouleau à pâtisserie. Gardez les cœurs entiers. Faites blanchir le tout à l'eau bouillante salée, 5 minutes pour les feuilles et 15 minutes pour les cœurs. Égouttez soigneusement les feuilles et étalez-les sur un linge : il vous faut entre 18 et 24 feuilles. Égouttez les cœurs et épongez-les dans du papier absorbant.

Faites cuire le riz dans de l'eau salée. Égouttez-le. Hachez finement le petit salé. Émincez finement les cœurs de chou en éliminant les côtes et le trognon.

Mélangez dans un grand saladier le riz, le chou émincé, le petit salé haché, le parmesan, les œufs. Ajoutez l'huile d'olive et poivrez généreusement.

Déposez un peu de farce sur chaque feuille de chou, roulez celle-ci de façon à constituer un petit paquet bien hermétique. Ficelez-le. Rangez les feuilles de chou farcies dans une grande cocotte où ils tiennent bien serrés, mais en une seule couche si possible. Mouillez à hauteur avec le bouillon de légumes (il vous en restera, vous en aurez éventuellement besoin si la cuisson réduit trop), couvrez la cocotte et faites partir la cuisson sur feu vif. À ébullition, baissez le feu et faites cuire 1 h 30 à chaleur douce. Vérifiez de temps en temps la quantité de liquide.

20 minutes avant la fin de la cuisson, préchauffez le four à 220 °C (th. 7-8). Sortez les capouns du four, déficelez-les et rangez-les de nouveau dans la cocotte découverte. Faites colorer 10 minutes au four. Servez chaud.

Aligot

Lavez et brossez les pommes de terre. Faites-les cuire à l'eau salée jusqu'à ce qu'elles soient bien tendres (de 25 à 30 minutes).
Pendant la cuisson des pommes de terre, pelez l'ail et taillez la tomme fraîche en fines lamelles.
Égouttez les pommes de terre, pelez-les bien chaudes. Passez-les au presse-purée ou au moulin à légumes, grille fine, en recueillant les pommes de terre écrasées dans une cocotte. À l'aide d'une spatule en bois, incorporez le beurre et la crème jusqu'à obtention d'une purée souple mais consistante. Râpez l'ail au-dessus de la purée et salez modérément.
Mettez la cocotte sur feu doux. Ajoutez la tomme émincée en une seule fois et remuez vigoureusement avec la spatule, sans tourner mais en soulevant la masse par le dessous. Continuez énergiquement à brasser le mélange jusqu'à ce qu'il file et que la spatule soulève un ruban bien lisse. Poivrez ; servez sans attendre que l'aligot « casse » et devienne granuleux.
L'aligot accompagne traditionnellement les saucisses grillées.

Pour 6 personnes

1 kg de pommes de terre bintje
1 gousse d'ail
500 g de tomme fraîche de Laguiole
100 g de beurre
25 à 30 cl de crème fraîche
sel, poivre du moulin

Pounti

Pour 6 personnes en entrée ou 4 personnes en plat

12 pruneaux dénoyautés
300 g de vert de blette
100 g d'épinards
1 poignée d'oseille
100 g de jeunes orties
200 g de lard de poitrine demi-sel
150 g de jambon d'Auvergne
1 oignon
1 petit bouquet de persil plat
250 g de farine
6 œufs
50 cl de lait
fines tranches de lard de poitrine salée (en quantité suffisante pour garnir le moule) ou saindoux
sel, poivre du moulin

Si vous n'avez pas d'orties à portée de main, utilisez seulement des épinards, du vert de blette et de l'oseille. Vous pouvez également ne prendre que du vert de blette. Sachez toutefois que les orties donnent un goût excellent au pounti.

La veille, faites tremper les pruneaux dans de l'eau tiède.

Équeutez les épinards et l'oseille, effeuillez les orties avec des gants de ménage. Lavez soigneusement toutes les feuilles et égouttez-les. Portez à ébullition une grande quantité d'eau bouillante légèrement salée et faites-y blanchir les feuilles 2 minutes. Égouttez, pressez fortement pour éliminer toute l'eau. Hachez très finement toutes ces herbes et réservez-les.

Couvrez le lard d'eau froide, portez à ébullition, faites blanchir 5 minutes, puis égouttez.

Préchauffez le four à 200 °C (th. 6-7).

Hachez finement le lard, le jambon, l'oignon et le persil. Mélangez le tout intimement au hachis d'herbes. Poivrez bien, salez avec précaution.

Dans un grand saladier, disposez la farine en fontaine. Cassez-y les œufs et mélangez avec une spatule jusqu'à obtention d'une pâte homogène. Incorporez peu à peu le lait en mélangeant énergiquement, puis ajoutez la farce au lard et aux herbes.

Enduisez de saindoux une terrine rectangulaire longue et étroite (de type terrine à pâté en croûte) ou foncez-la soigneusement de tranches de poitrine salée. Versez-y la moitié du mélange, puis rangez-y les pruneaux égouttés en rang d'oignons. Couvrez du reste du mélange, rabattez les tranches de lard sur la surface s'il y a lieu, et faites cuire 1 heure au four. Vous pouvez également préparer une cocotte de la même façon et y faire cuire le pounti. Le pounti cuit en terrine sera coupé en tranches, le pounti cuit en cocotte sera coupé en parts.

Ce plat auvergnat se sert en plat principal avec une salade, mais on peut aussi le servir en entrée. Froid, il peut être coupé en tranches et doré à la poêle.

Andouillettes en cocotte

Préchauffez le four à 240 °C (th. 8).
Pelez les échalotes, ciselez-les finement. Parez et lavez les champignons, émincez-les.
Dans une cocotte, faites suer les échalotes dans le beurre sur feu doux jusqu'à ce qu'elles soient translucides. Ajoutez alors les champignons et faites revenir 2 minutes en remuant bien.
Ajoutez les andouillettes et le vouvray, portez à ébullition et glissez au four la cocotte non couverte. Faites cuire jusqu'à évaporation du vin blanc (20 minutes environ).
Battez la crème avec sel et poivre, ajoutez ce mélange au contenu de la cocotte pour lier la sauce.
Servez avec une jatte de petites pommes de terre rattes cuites à la vapeur et garnies de beurre et de ciboulette.

Pour 4 personnes

4 belles andouillettes
2 échalotes
250 g de champignons de Paris
30 g de beurre
50 cl de vouvray sec
5 cl de crème fraîche
sel, poivre du moulin

L'andouille

*L'andouille se plaît rarement dans ses vêtements. Dès le début de la cuisson, elle se tortille comme un ver un peu comme si la robe choisie par le charcutier pour l'habiller était trop petite.
La coupe du canif dans le sens de la longueur la soulage comme la fermeture Éclair du jean que l'on portait en classe terminale libère le brin de bedaine, quinze ans après.*

Petits grenadins braisés

Pour 4 personnes

4 grenadins de veau de 180 g chacun, bardés et ficelés en croix
quelques lanières de lard gras
couenne de lard (en quantité suffisante pour foncer la cocotte)
1 oignon
1 carotte
30 g de beurre
quelques parures et petits os de veau
20 cl de vin blanc sec
20 cl de jus de veau
sel, poivre du moulin

Il vous faut pour cette recette, si possible, une cocotte à couvercle creux pouvant contenir des glaçons.
Lardez vos grenadins de lanières de lard gras.
Beurrez une cocotte pouvant contenir les grenadins à l'aise, puis foncez-en le fond et les parois de bardes de couenne de lard.
Pelez l'oignon et la carotte, taillez-les en dés. Faites-les revenir au beurre avec les parures et les os de veau jusqu'à légère coloration, puis couvrez-en les couennes dans le fond de la cocotte.
Posez les grenadins sur ce lit, faites chauffer sur feu moyen, couvrez et oubliez la cocotte pendant 15 minutes.
Ajoutez le vin blanc et le jus de veau, salez, poivrez, laissez un peu réduire et couvrez la cocotte. Déposez des glaçons dans le creux du couvercle et faites cuire 40 minutes sur feu doux. Rectifiez l'assaisonnement.
Au terme de la cuisson, si le jus a trop réduit, mouillez-le avec un peu d'eau. Passez-le au chinois, montez-le en le battant avec le beurre et servez-le avec les grenadins. Accompagnez de salsifis ou de choux de Bruxelles.

Daube beaucairoise

Pour 6 personnes

1,5 kg de paleron de bœuf
2 cuillerées à soupe de câpres
3 cuillerées à soupe d'olives noires
8 filets d'anchois
3 carottes
3 oignons
3 branches de thym
1 feuille de laurier
1 cuillerée à dessert de poivre noir en grains
quelques queues de persil plat
1 orange non traitée
1 litre de vin rouge
1 verre de vinaigre de vin rouge
1 verre de marc de Provence
15 cl d'huile d'olive extra-vierge
bardes de lard pour la cocotte
4 poireaux
6 gousses d'ail
sel, poivre du moulin

La veille, taillez le paleron en tranches de 2,5 cm d'épaisseur. Disposez-les dans un grand saladier ou dans une terrine ; ajoutez les câpres, les olives noires, les filets d'anchois, les carottes en rouelles, 2 oignons en tranches, le thym, le laurier, le poivre et les queues de persil. Râpez le zeste de l'orange et ajoutez-le aux autres ingrédients. Couvrez du vin rouge, ajoutez le vinaigre et le marc, puis la moitié de l'huile d'olive. Remuez pour bien enrober la viande et laissez mariner 24 heures en retournant les morceaux de viande de temps en temps.

Le lendemain, prenez une grande cocotte en fonte ou une daubière, et tapissez-en le fond de bardes de lard. Lavez et émincez finement les poireaux, émincez l'ail et l'oignon restant. Égouttez les tranches de bœuf. Sur le lit de lard gras, déposez une couche de poireaux, d'ail et d'oignon émincés, puis des tranches de paleron. Couvrez d'une autre couche de poireaux, d'ail et d'oignon, puis du reste de paleron. Filtrez la marinade et couvrez-en le contenu de la cocotte. Ajoutez les anchois de la marinade et le reste d'huile d'olive, portez à ébullition, salez, couvrez et faites cuire 1 heure sur feu doux.

Au bout de ce temps, préchauffez le four à 180 °C (th. 6). Rectifiez l'assaisonnement de la daube et terminez la cuisson 3 heures au four.

Vous pouvez servir cette daube avec des pommes de terre vapeur ou des gnocchi.

Omelette à la confiture

Par personne

2 œufs
1 belle cuillerée à soupe de crème fraîche
sel fin
40 g de beurre
gelée de groseille (à volonté)

Cassez les œufs dans un grand saladier. Ajoutez la crème fraîche et 1 pincée de sel. Battez énergiquement le tout.

Faites chauffer le beurre dans une poêle antiadhésive ou une grande poêle à omelette bien patinée. Lorsqu'il est très chaud, versez les œufs battus et faites-les cuire en omelette. Glissez l'omelette sur un plat, couvrez-la d'une généreuse couche de gelée de groseille et refermez-la comme un livre.

Vous pouvez également étaler la gelée de groseille sur l'omelette sans la plier. Servez sans attendre que le dessert ne refroidisse.

ÉTÉ

Escargots à la catalane

Pour 4 personnes

100 escargots petits-gris en conserve
5 gousses d'ail
1 petit bouquet de persil plat
1 gros oignon
150 g de jambon cru ibérique avec son gras
2 cuillerées à soupe de saindoux
1 cuillerée à soupe de farine
1 petit piment entier
2 belles tranches de pain de campagne bien sec

L'aïoli

3 gousses d'ail
1 jaune d'œuf
15 cl d'huile d'olive
sel, poivre du moulin

Préchauffez le four à 200 °C (th. 6-7).

Versez les escargots dans une passoire, arrosez-les d'eau bouillante et laissez égoutter.

Pelez toutes les gousses d'ail et hachez-en 5, mélangez-les avec le persil haché. Couvrez d'un bol et réservez.

Pelez l'oignon et hachez-le finement. Taillez le jambon et son gras en petits dés.

Dans une cocotte, faites fondre le saindoux. Faites-y revenir l'oignon et les dés de jambon jusqu'à ce que l'oignon soit translucide. Ajoutez les escargots et la farine, remuez bien pour répartir celle-ci. Ajoutez le piment et environ 20 cl d'eau. Couvrez et faites cuire 20 minutes sur feu doux.

Mettez les tranches de pain au four.

Préparez l'aïoli : pilez finement avec un peu de sel les 3 gousses d'ail restantes dans un mortier (en marbre de préférence), ajoutez le jaune d'œuf et montez l'aïoli comme une mayonnaise en versant l'huile en mince filet et en tournant avec le pilon, toujours dans le même sens. Quand toute l'huile est absorbée, salez et poivrez. Réservez.

Émiettez le pain séché et grillé, ajoutez-le aux escargots ainsi que la persillade. Mélangez bien, couvrez et faites cuire encore 10 minutes.

Retirez du feu, découvrez la cocotte et laissez tiédir 1 minute. Incorporez l'aïoli aux escargots et servez bien chaud avec un vin blanc du Roussillon.

J.L PETITRENAUD

Le pique-nique

Quand on prépare son sac pour partir en pique-nique, la première tranche de pain est recouverte de frénésie. Chacun s'agite autour du sac à dos posé là sur la table comme une poire trop mûre. Le sac ne semble pas comprendre pour quelle raison on le tire brusquement de son sommeil. On l'attrape par les pieds, on le secoue pour qu'il rende les miettes du pique-nique précédent. On le houspille du plat de la main avec la vigueur de la lavandière. Il faut faire vite car le soleil est là et on ne doit pas le rater. La casserole d'eau bouillante ronchonne sur le feu en faisant valser les œufs. Les pommes de terre cuites de la veille sont dispersées en rondelles régulières dans la vinaigrette consciencieusement liée à la moutarde. L'échalote ciselée braille ses parfums irritants. La ciboulette, le persil, la farigoulette… Tout est haché menu, menu. Le large saladier, bon enfant, accueille tous ses pensionnaires avec sagesse. Puis on brasse, on brasse éperdument. L'huile d'olive nappe le mélange. C'est bon, c'est prêt. Le papier aluminium crache ses éclairs. On empaquette le saucisson de montagne, le reblochon et le clafoutis aux cerises trop mûres qui tachent les doigts et le boulevard périphérique de la bouche. N'a-t-on rien oublié ? Derrière les volets mi-clos on réfléchit. « On achètera le pain en partant… on a la salade… la terrine… le saucisson… Ah, les cornichons ! » Que serait un pique-nique sans cornichons ? La bouteille de rosé de Provence est extraite du réfrigérateur à la dernière minute. Le spécialiste l'enroule dans un journal humide avant de l'asphyxier dans un sac en plastique recyclé. Pendant ce cérémonial, les enfants impatients jouent

sur le trottoir en fixant le soleil droit dans les yeux, prêts à en découdre. La voiture roule sans encombre comme chaque dimanche matin. Les feux clignotent au carrefour pour souhaiter « bonne journée » aux voyageurs.
Un petit vent frais se glisse par la fenêtre entrouverte du chauffeur pour décoiffer juste ce qu'il faut les enfants assis sur la banquette arrière. Le plus dur dans cette histoire reste le choix de l'endroit.
Où va-t-on se poser ? Cette scène de la vie de famille doit rassembler les suffrages de chaque acteur. « Non, pas ici, tu vois bien qu'on est trop près de la route ! » « Là, il n'y a pas un arbre pour se protéger ! » Chacun argumente et la recherche est excitante. « Regardez comme on va être bien ici ! » On oublie la voiture à l'ombre d'un gros chêne et les enfants galopent dans tous les sens comme pour tester le terrain. Chacun tient son rôle avec sérieux. Le ballon, les boules de pétanque sont rangés au pied de la roue arrière gauche de la voiture. Le sac qui a des allures de montgolfière est protégé du soleil. La nappe claque dans le vent avant d'atterrir sur le pré. C'est donc là, autour de ce simple rectangle de coton, que tout va se jouer. Bien alignés, les couverts en inox ne respectent pas leur emplacement fixé par celui qui essaie de dresser le décor. Le verre penche comme la tour de Pise. Il faut avoir l'œil, et le bon, pour éviter l'accident. Un verre renversé avant même le début des opérations peut entraîner des suites quasi irréparables. Voilà, tout est prêt…
« Les enfants, on mange ! »

Il faudra encore attendre un peu avant le partage car chacun veut trouver le rondin de bois, la pierre ou la racine qui remplacera la chaise et le coussin que l'on a à la maison. On tourne autour du pot avant de décider que c'est là et bien là que l'on est le mieux. La tête à l'ombre, les jambes au soleil, l'emplacement est celui d'un roi. La bouteille dégoupillée va et vient entre la rivière et la famille.
« Attention, cale-la bien ! », car un rosé de Provence qui prend la fuite au fil de l'eau fait beaucoup rire les truites. Le carré de chocolat déposé sur la langue annonce l'heure où l'on « cabèque », moment subtil situé entre réalité et vapeur. Ce n'est pas la sieste mais cela s'en rapproche. C'est le moment choisi par les fourmis pour prendre d'assaut le pot de confiture oublié sur la nappe.

Pain de laitue façon Mère Blanc

Pour 6 personnes

- 3 belles têtes de laitue
- 50 g de chapelure fine
- 70 g de beurre pour le roux + 20 g pour le moule
- 70 g de farine
- 1 litre de lait froid
- 2 œufs
- sel, poivre du moulin, noix de muscade râpée

Lavez et essorez les laitues. Ne gardez que les feuilles vertes — vous servirez les cœurs en salade. Retirez les côtes à l'aide d'un couteau d'office. Faites bouillir de l'eau salée, plongez-y les feuilles de laitue et faites-les blanchir 2 minutes. Égouttez-les soigneusement, pressez-les dans vos mains, puis réduisez-les en purée dans le bol d'un robot.

Préchauffez le four à 150 °C (th. 5). Tenez prêt un moule à charlotte en le beurrant généreusement. Saupoudrez le fond et les parois de chapelure.

Préparez la béchamel : faites fondre le beurre sur feu doux. Dès qu'il commence à grésiller, ajoutez la farine d'un seul coup et remuez vivement avec une spatule jusqu'à obtention d'un roux clair. Mouillez avec le lait et fouettez énergiquement sur feu doux jusqu'à ce que le mélange soit lisse. Portez à ébullition, faites cuire quelques minutes en remuant, puis salez, poivrez et muscadez. Incorporez la purée de laitue. Ajoutez les œufs et fouettez bien. Rectifiez l'assaisonnement.

Versez l'appareil dans le moule à charlotte et déposez celui-ci dans un bain-marie. Remplissez celui-ci d'eau frémissante et portez le tout au four. Faites cuire 1 heure en ajoutant périodiquement de l'eau frémissante dans le bain-marie si nécessaire.

Laissez reposer le pain de laitue quelques minutes au sortir du four, puis démoulez-le. Attendez encore quelques minutes pour le découper en tranches nettes qui accompagneront votre noix de veau aixoise ou toute autre viande ou volaille de votre choix.

Ragoût de thon à la ventrèche fermière (d'après Thierry Marx)

Pour 4 personnes

1 belle darne de thon de 5 cm d'épaisseur (1 kg en tout)
saindoux ou huile d'arachide
150 g de poitrine de porc salée et séchée (ventrèche)
2 échalotes
4 gousses d'ail
1 cuillerée à soupe de farine + un peu pour fariner le thon
50 cl de vin blanc sec
1 bouquet garni (thym, laurier, queues de persil)
2 cuillerées à soupe de câpres
sel, poivre du moulin

Farinez légèrement le thon et saisissez-le sur les deux faces, sans le cuire, dans un peu de saindoux ou d'huile chaude. Débarrassez le thon sur une assiette, salez, poivrez et réservez.

Taillez la ventrèche en lardons. Hachez les échalotes. Faites fondre un peu de saindoux dans une cocotte et faites-y rissoler quelques minutes les lardons, les échalotes et l'ail en chemise. Ajoutez la farine et remuez bien en laissant légèrement roussir. Ajoutez le vin blanc, mélangez bien pour éviter les grumeaux, faites cuire 5 minutes sur feu vif. Baissez le feu, ajoutez le bouquet garni. Couvrez et faites cuire cette sauce 45 minutes sur feu doux. Ajoutez les câpres et faites cuire encore 10 minutes.

Ajoutez le thon délicatement, sans le casser. Au retour de l'ébullition, retirez du feu. Couvrez et laissez reposer 15 minutes afin que le thon cuise doucement à la chaleur résiduelle et reste bien moelleux.

Poivrez généreusement, rectifiez l'assaisonnement en sel et servez chaud avec des pâtes fraîches.

La ratatouille

La ratatouille me fait penser au mariage. On célèbre les noces du poivron, de la courgette, de l'aubergine, de la tomate et de l'oignon. Pour la circonstance on peut choisir entre deux cérémonies. Soit on marie les jeunes prétendants tout juste sortis du jardin d'enfants dans la même cocotte et en même temps, l'huile d'olive faisant office d'alliance. Soit on leur offre de longues études, les confortant ainsi dans leur célibat. « Deviens d'abord un homme, mon fils, tu penseras au mariage plus tard », rappellent les parents. C'est ainsi que le poivron revient à petit feu, seul, dans sa garçonnière. C'est ainsi que la tomate se prélasse seule dans son bain d'huile d'olive. C'est ainsi que l'oignon, la courgette, l'aubergine roucoulent à feu doux dans des cocottes différentes. Les vieux Provençaux détenteurs des secrets de la ratatouille optent pour le célibat. Chacun chez soi et les traditions seront bien gardées. Lorsque chaque tourtereau aura bien profité de sa solitude, alors seulement on célébrera leur union, dans la même église ou la même cocotte, comme vous voudrez.

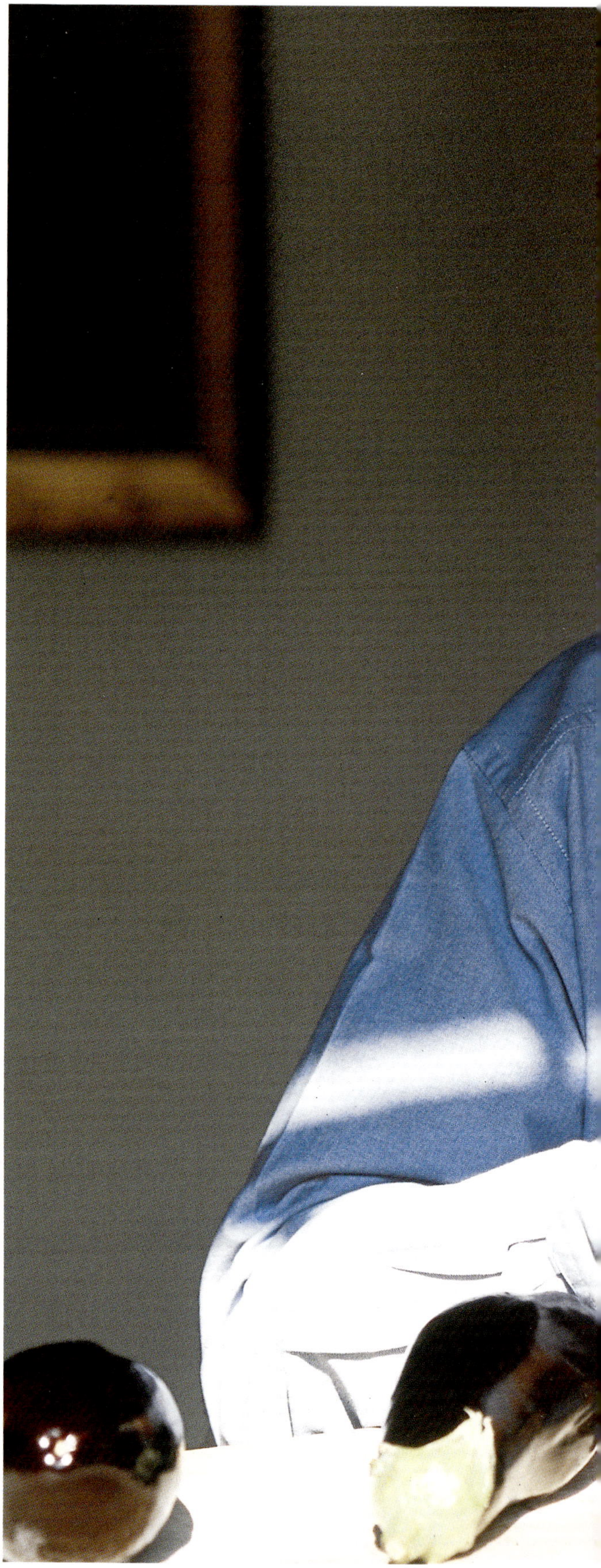

GRATIN D'AUBERGINES, DE COURGETTES ET DE TOMATES À LA CHAIR À SAUCISSE

POUR 6 PERSONNES

4 aubergines moyennes
1 kg de grosses tomates rouges
3 courgettes
2 oignons roses de Roscoff
500 g de chair à saucisse
ou de saucisse au couteau, boyau retiré
1 gousse d'ail
huile d'olive
1 belle branche de thym de Provence séché
sel fin, poivre du moulin

Lavez les aubergines et taillez-les en rondelles de 5 mm. Réunissez-les dans une passoire, saupoudrez-les de sel fin plusieurs fois en les mélangeant avec précaution, et laissez reposer 30 minutes dans votre évier.

Mondez les tomates après les avoir plongées quelques secondes dans l'eau bouillante. Coupez-les en tranches de 5 mm.

Brossez et lavez les courgettes, parez-les, coupez-les en tranches de 5 mm.

Hachez les oignons et mélangez-les à la chair à saucisse.

Préchauffez le four à 140 °C (th. 4-5). Frottez d'ail le fond et les parois d'un grand plat à gratin. Épongez les aubergines avec du papier absorbant.

Disposez sur le fond du plat, dans le sens de la longueur, une rangée de rondelles d'aubergine. Poivrez, ajoutez un filet d'huile d'olive et un peu de thym émietté. Disposez une couche de rondelles de courgette en empiétant légèrement sur les aubergines. Disposez comme précédemment une rangée de tranches de tomate, puis la chair à saucisse, ensuite une autre rangée de tomates, puis le reste des courgettes, le reste des aubergines et la dernière rangée de tomates.

Ajoutez un filet d'huile d'olive et saupoudrez du reste de thym. Recouvrez d'une feuille d'aluminium et faites cuire 1 heure au four.

Gratin italien de lasagne aux aubergines

Pour 6 personnes

4 belles aubergines
1 paquet de pâtes à lasagne (De Cecco si possible)
500 g de coulis de tomate
2 gousses d'ail hachées
huile d'olive extra-vierge
2 blancs d'œufs
1 cuillerée à soupe de vinaigre blanc
3 boules de mozzarella de bufflonne
25 cl de crème liquide (*panna di cucina*)
ou de crème fleurette
sel fin, poivre du moulin

Lavez et séchez les aubergines. Retirez le pédoncule et taillez les aubergines dans le sens de la longueur en tranches de 1 cm d'épaisseur environ. Saupoudrez-les de sel fin sur les deux faces et laissez-les dégorger 1 heure dans une passoire.

Pendant ce temps, faites cuire les pâtes à lasagne à petit bouillon dans de l'eau salée additionnée d'une cuillerée à soupe d'huile. Lorsqu'elles sont cuites *al dente*, étalez-les bien à plat sur un linge propre et laissez-les égoutter. Épongez les tranches d'aubergine avec du papier absorbant.

Portez le coulis de tomate à petite ébullition. Ajoutez l'ail haché, poivrez, rectifiez l'assaisonnement en sel. Laissez cuire 5 minutes et ajoutez, hors du feu, un bon filet d'huile d'olive extra-vierge.

Battez légèrement, dans une assiette creuse, les blancs d'œufs avec 1/2 cuillerée à café de sel fin et le vinaigre blanc. Faites chauffer 6 cuillerées à soupe d'huile d'olive dans une poêle. Trempez brièvement les tranches d'aubergine dans le blanc d'œuf battu et poêlez-les jusqu'à ce qu'elles soient bien dorées sur les deux faces. Ce procédé leur évite de boire trop d'huile. À mesure qu'elles dorent, égouttez-les sur du papier absorbant, puis taillez-les en longues lanières.

Préchauffez le four à 200 °C (th. 6-7). Taillez la mozzarella en dés.

Frottez d'huile d'olive un grand plat à gratin. Étalez-y une fine couche de coulis de tomate, puis une couche de lanières d'aubergine. Recouvrez d'une couche de lasagne. Ajoutez une couche de coulis de tomate et répartissez-y le tiers des dés de mozzarella. Versez quelques traits de crème liquide directement du carton. Recommencez l'opération : une couche d'aubergines, une couche de lasagne, une couche de coulis, dés de mozzarella et crème. Terminez par une couche de coulis parsemé de mozzarella et arrosé du reste de crème.

Recouvrez le plat d'une feuille d'aluminium et faites cuire 25 minutes au four. Retirez la feuille d'aluminium et faites gratiner 10 minutes. Servez bien chaud. Ce gratin est un excellent plat unique pour le soir ; vous pouvez l'accompagner de jambon de Parme.

Cocotte de légumes au lard

Pour 4 personnes

400 g de jeunes fèves
1 kg de petits pois frais
8 carottes nouvelles
8 navets nouveaux
200 g de pommes grenaille
1 cœur de romaine ou 1 laitue sucrine
12 belles asperges vertes
8 oignons nouveaux
3 cuillerées à soupe d'huile d'olive
50 cl (environ) de bouillon de volaille
30 g de beurre
50 g de lard de poitrine salé
1 gousse d'ail
sel, poivre du moulin

Garniture de fruits

tranches de pomme et de poire rôties
au four avec un peu de beurre et de sucre
grains de raisin frais

Écossez et décortiquez les fèves. Écossez les petits pois. Pelez les carottes et les navets en leur laissant un peu de fanes. Lavez et brossez doucement les pommes de terre et égouttez-les. Effeuillez la romaine ou la sucrine et parez chaque feuille en laissant 2 cm de vert de part et d'autre de la côte centrale. Nettoyez et parez les asperges en ne leur laissant que la pointe. Nettoyez et parez les oignons nouveaux en leur laissant 10 cm de tige.

Faites bouillir de l'eau salée dans 4 récipients différents et faites-y blanchir les carottes, les navets, les asperges et les oignons pendant 10 minutes.

Préchauffez le four à 200 °C (th. 6-7).

Égouttez les légumes blanchis. Faites chauffer l'huile d'olive dans une sauteuse et faites-y légèrement dorer les légumes. Couvrez juste de bouillon et faites cuire 10 minutes sur feu doux. En fin de cuisson, rectifiez l'assaisonnement.

Réunissez les pommes de terre dans une cocotte, ajoutez le beurre, un peu d'huile d'olive et l'ail en chemise. Couvrez la cocotte et faites cuire 15 minutes au four.

Taillez le lard en gros lardons. Ébouillantez-les brièvement, puis faites-les revenir dans une cocotte en fonte avec un peu d'huile d'olive. Ajoutez les petits pois et 10 cl de bouillon de volaille. Faites cuire 15 minutes à couvert. Au bout de 7 minutes de cuisson, ajoutez tous les petits légumes, les fèves et les côtes de romaine ou de sucrine. Si la cuisson réduit trop, ajoutez un peu de bouillon. Rectifiez l'assaisonnement et ajoutez au dernier moment les pommes de terre rôties.

Cette cocotte de légumes accompagne à merveille un rôti de veau ou un poulet rôti. La garniture de fruits est facultative mais elle agrémente délicieusement le plat.

Poulet de Bresse à la manière de Gaston Gérard

Pour 4 à 6 personnes

1 poulet de Bresse coupé en morceaux
3 cuillerées à soupe d'huile de pépins de raisin
40 g de beurre
5 cl de cognac
25 cl de bourgogne aligoté
10 cl de crème fraîche
150 g de comté râpé
chapelure, sel, poivre du moulin

Faites chauffer l'huile et le beurre dans une grande cocotte. Faites-y dorer les morceaux de poulet sur toutes leurs faces en les retournant plusieurs fois. Quand les morceaux ont pris une belle couleur, ajoutez le cognac et flambez. Salez, poivrez, baissez le feu, couvrez et laissez cuire de 25 à 30 minutes sur feu doux. Retirez les morceaux de la cocotte, rangez-les dans un plat à gratin.
Préchauffez le four à 220 °C (th. 7).
Videz la graisse de cuisson de la cocotte et déglacez celle-ci avec le vin blanc. Raclez bien avec une spatule pour décoller les sucs. Ajoutez la crème fraîche et 100 g de comté râpé. Faites fondre sur feu doux en mélangeant. Rectifiez l'assaisonnement.
Nappez les morceaux de poulet de cette sauce, parsemez du reste de comté et saupoudrez de chapelure. Faites gratiner 10 minutes au four. Servez chaud. Accompagnez avec un bourgogne aligoté.

La tomate

Il y a belle lurette que la tomate est sortie de son rang. Un peu comme le petit provincial qui monte à Paris pour se faire une situation, la tomate a quitté son jardin de famille pour jouer la Parisienne.
J'ai une dent contre la tomate qui a renié les siens. Elle ne se souvient plus de son père qui venait, à la fraîche, la pincer en guise de jeu. Elle ne se souvient plus avoir juré fidélité à la vie, à la mort, à son piquet et à son brin de raphia. Elle est partie sans se retourner sur son panier.
Elle a épousé un chercheur qui dans son laboratoire a gommé ses fossettes et sa moue. Elle est devenue « fille de ville », propre sur elle. Bien que ronde, elle a une tête carrée, bien faite. Elle ressemble aux autres : même pantalon, même pull laissant apparaître le nombril, même maquillage. Elle entre dans son cageot et se met à sa place sans déranger, comme on entre dans son petit deux-pièces.
Oublié le temps du marché où, chaussée de sandales à semelle de crêpe, elle faisait tourner sa robe à fleurs pour faire rire les garçons. Oublié ce parfum si chaud que l'on gardait longtemps sur ses lèvres après l'avoir embrassée. Oublié aussi son petit nom, « Cœur-de-bœuf », que l'on chantait quand on faisait visiter le potager. Adieu petite ride d'expression, adieu grain de beauté sur le bout du nez, adieu joues rondes... le chirurgien esthétique est passé par là.
Je pleure la tomate des champs et me moque de la tomate des villes.

Filets d'oie sauce aigrelette

Pour 4 personnes

800 g de filets d'oie
4 échalotes
8 gousses d'ail
15 cl d'huile d'olive
50 cl de bordeaux rouge
1 bouquet garni (thym, laurier)
3 cuillerées à soupe de vinaigre balsamique
8 belles figues noires ou 4 pommes de reinette
10 cl de banyuls
30 g de beurre
sel, poivre du moulin

Rincez les filets d'oie, séchez-les soigneusement dans du papier absorbant. Salez-les et poivrez-les. Préchauffez le four à 220 °C (th. 7-8).

Pelez les échalotes et hachez-les finement. Écrasez très finement l'ail.

Faites suer les échalotes 5 minutes sur feu doux dans 2 cuillerées à soupe d'huile d'olive. Mouillez avec le vin rouge, ajoutez le bouquet garni et faites réduire des deux tiers. Ajoutez alors le vinaigre balsamique et faites réduire légèrement. Lorsque la sauce a la consistance voulue, salez, poivrez et goûtez pour rectifier l'assaisonnement. Réservez au chaud.

Si vous utilisez des figues, coupez-les en quatre. Si vous utilisez des pommes, pelez-les, épépinez-les et coupez-les en huit quartiers. Rangez les fruits dans une cocotte où ils tiennent bien serrés. Ajoutez le banyuls et le beurre en parcelles, faites cuire 5 minutes au four.

Pendant ce temps, poêlez les filets d'oie sur feu très vif en les tenant rosés. Gardez-les au chaud pendant que vous incorporez le reste d'huile d'olive à la sauce à l'aide d'un fouet et que vous disposez les fruits sur les assiettes.

Escalopez les filets d'oie, disposez-les sur les assiettes, nappez de la sauce et servez immédiatement avec un saint-émilion.

Gigot raccourci aux champignons

Piquez le gigot de 2 gousses d'ail aux environs de la souris.
Garnissez le fond d'une grande cocotte d'une barde de lard gras. Taillez la carotte et l'oignon en mirepoix (c'est-à-dire en dés de 5 mm environ) et disposez-les sur le lard avec les tomates coupées en quartiers et le bouquet garni. Déposez le gigot sur le tout, couvrez-le d'une barde de lard, ajoutez le bouillon, salez et saupoudrez de poivre mignonnette. Portez à ébullition sur feu moyen, couvrez, baissez le feu et laissez mijoter 1 heure à frémissement.
Pendant ce temps, préparez les champignons : si vous utilisez des cèpes bouchons, parez-les et essuyez-les avec du papier absorbant humide (ne les lavez pas !). Si vous utilisez des champignons de Paris, parez-les, lavez-les, égouttez-les et séchez-les dans du papier absorbant. Faites-les revenir vivement dans la graisse d'oie jusqu'à évaporation de leur eau de végétation. Faites-les dorer 10 minutes sur feu doux, salez légèrement, couvrez et réservez hors du feu.
Hachez le reste de l'ail et le persil pour confectionner une bonne persillade.
Vérifiez la cuisson du gigot et réservez celui-ci sur un plat, couvert d'une feuille d'aluminium. Éliminez le lard, passez le jus au chinois en pressant bien. Rectifiez l'assaisonnement. Laissez réduire la sauce obtenue et montez-la avec le beurre. Ajoutez les champignons, puis la persillade.
Servez le gigot découpé, accompagné des champignons au jus.

Pour 6 personnes

1 gigot raccourci de 2 kg environ
1 belle tête d'ail nouveau
bardes de lard gras
1 carotte
1 oignon
3 tomates
1 bouquet garni (thym, romarin, laurier, queues de persil)
50 cl de bouillon de veau ou de volaille
1 kg de petits cèpes bouchons ou, à défaut, de champignons de Paris bien fermés
1 cuillerée à soupe de graisse d'oie ou de canard
1 bouquet de persil plat
30 g de beurre
sel, poivre mignonnette, poivre du moulin

Noix de veau aixoise

Parez et lavez les carottes nouvelles, le céleri-branche, les oignons nouveaux et les ciboules.
Dans une cocotte, faites dorer la noix de veau sur toutes ses faces avec l'huile et 20 g de beurre. Dégraissez la cocotte et réservez la noix de veau sur une assiette. Faites fondre 30 g de beurre dans la cocotte et faites-y revenir les légumes jusqu'à légère coloration. Déposez le rôti sur les légumes. Ajoutez le cube de bouillon, mouillez d'eau à hauteur, poivrez, portez à ébullition. Couvrez et faites mijoter 1 heure sur feu doux.
Au bout de 30 minutes, ajoutez les marrons égouttés.
Tranchez la noix de veau sur un plat chaud et gardez-la au chaud, entourée des légumes et des marrons.
Faites réduire le jus de cuisson et montez-le avec le reste du beurre. Nappez-en le veau et les légumes, parsemez de persil haché et servez avec un vin rouge de Savoie.

Pour 4 personnes

1 kg de noix de veau bardée et ficelée
2 bottes de carottes nouvelles
4 cœurs de céleri-branche
1 botte d'oignons nouveaux
1 botte de ciboules
2 cuillerées à soupe d'huile d'arachide
70 g de beurre
1 cube de bouillon de bœuf
1 boîte (4/4) de marrons au naturel
4 branches de persil plat
sel, poivre du moulin

Quelques paupiettes de veau

Pour 6 personnes

6 escalopes de veau de 120 g chacune
1 oignon
1 carotte
40 g de beurre
1 gousse d'ail
1 bouquet garni (thym, laurier)
20 cl de vin blanc sec
sel, poivre du moulin

Farce 1

6 tranches de lard fumé de 5 mm d'épaisseur
1 gros oignon
6 cornichons
1 cuillerée à soupe de moutarde
poivre du moulin

Farce 2

100 g de champignons de Paris nettoyés et lavés
1 belle tranche de jambon cuit (jambon à l'os) de 5 mm d'épaisseur
1 blanc de poireau
100 g de fromage blanc
fleurs de thym frais
beurre
sel, poivre du moulin

Farce 3

1 belle tranche de jambon cru un peu épaisse
100 g de gruyère ou de comté
2 poignées d'épinards blanchis et essorés
2 gousses d'ail
2 feuilles de sauge
sel, poivre du moulin

Farce 4

150 g de choucroute cuite
4 branches de persil plat
1 poivron taillé en fines lanières
sel, poivre du moulin

Aplatissez les escalopes.
Pour obtenir la farce 1, découennez le lard et éliminez tout cartilage. Hachez finement le lard au couteau. Hachez de même l'oignon et taillez les cornichons en rondelles. Liez cette farce avec la moutarde et poivrez.
Pour la farce 2, hachez finement les champignons et faites-les revenir au beurre jusqu'à ce que toute l'eau soit évaporée. Salez, réservez. Hachez le jambon cuit au couteau. Ciselez le blanc de poireau en fines tranches. Mélangez le fromage blanc, les champignons, le jambon, le poireau émincé et les fleurs de thym. Salez légèrement, poivrez.
Pour la farce 3, hachez finement le jambon cru au couteau. Taillez le gruyère en très petits dés. Hachez les épinards au couteau. Hachez finement les gousses d'ail et taillez les feuilles de sauge en fines lanières. Mélangez le tout, salez légèrement et poivrez.
Pour la farce 4, hachez finement le persil plat, mélangez-le avec la choucroute et les lanières de poivron. Salez, poivrez.
Préparez les paupiettes : répartissez la farce de votre choix sur les six escalopes, roulez-les et attachez les paupiettes avec de la ficelle de cuisine.
Taillez la carotte et l'oignon en mirepoix de 5 mm environ. Faites chauffer le beurre dans une cocotte et faites dorer les paupiettes sur toutes les faces. Ajoutez la mirepoix et l'ail écrasé, faites légèrement colorer. Ajoutez le bouquet garni et le vin blanc sec ; salez, poivrez, portez à ébullition, couvrez la cocotte et faites cuire 1 heure sur feu doux. Retirez le bouquet garni avant de servir, par exemple avec une purée de pomme de terre.

Pot-au-feu en gelée

Pour 4 personnes

1 kg de plat de côtes
1 queue de bœuf en morceaux, liés en paquet avec de la ficelle
1 kg de paleron
1 pied de veau fendu en deux, bien nettoyé
3 belles carottes de sable
2 navets
1/2 boule de céleri-rave
4 poireaux
1 panais ou 1 chou-rave (facultatif)
2 oignons
4 clous de girofle
5 gousses d'ail
1 bouquet garni (thym, laurier, feuilles de céleri, queues de persil plat, 1 lanière d'écorce d'orange)
1 œuf (facultatif, pour la clarification)
4 branches de persil plat
cornichons, câpres et petits oignons au vinaigre pour le montage de la terrine
gros sel, poivre en grains

La vinaigrette

2 cuillerées à soupe de vinaigre de vin rouge
1 cuillerée à soupe de moutarde
1 échalote finement ciselée
2 feuilles de sauge fraîche finement ciselées
6 cuillerées à soupe d'huile de pépins de raisin
1 cuillerée à soupe d'eau
sel, poivre du moulin

Versez 1,5 l d'eau dans un grand faitout. Ajoutez le plat de côtes, portez à ébullition et écumez trois fois en maintenant l'eau à petit bouillon.
Ajoutez du gros sel selon votre goût, la queue de bœuf, le paleron entier et le pied de veau. Au retour de l'ébullition, baissez le feu, couvrez et laissez cuire 2 heures à petit frémissement.
Lavez et épluchez les légumes en les laissant entiers. Ne gardez que les blancs des poireaux, liez-les en botte.
Selon ce que vous trouverez au marché, vous pouvez ajouter un panais ou un chou-rave pour donner de la saveur au bouillon.
Au bout de 2 heures, ajoutez les carottes, les navets, le céleri-rave, les oignons non pelés et piqués des clous de girofle, les gousses d'ail non pelées, le bouquet garni et 12 grains de poivre. Laissez frémir 1 heure.
25 minutes avant la fin de la cuisson, ajoutez les poireaux.
Lorsque les viandes sont bien tendres, égouttez-les. Éliminez le plat de côtes et conservez la queue de bœuf, le paleron et le pied de veau. Réservez-les sur un plat. Égouttez de même les légumes et réservez-les sur un autre plat.
Dégraissez soigneusement le bouillon de cuisson et rectifiez son assaisonnement. Passez-le au chinois ; il doit être aromatique et concentré. Si nécessaire, clarifiez-le en le portant à ébullition avec le blanc d'un

œuf battu avec sa coquille finement écrasée. Filtrez le bouillon et laissez-le tiédir.

Huilez légèrement les parois d'une grande terrine rectangulaire en verre ou en Pyrex, ou d'un grand moule ou saladier, de préférence en matériau transparent. Hachez finement les feuilles du persil plat et parsemez-en le fond du moule. Versez 1 cm de bouillon, répartissez-le et réservez la terrine 20 minutes au réfrigérateur.

Désossez la queue de bœuf et le pied de veau. Taillez toutes les viandes en morceaux ; taillez de même les légumes en morceaux.

Dans la terrine, rangez les viandes et les légumes en couches alternées selon votre inspiration, en y ajoutant des câpres, des cornichons et des petits oignons au vinaigre. Lorsque vous avez fini de monter la terrine, versez-y le bouillon de manière à bien couvrir tous les ingrédients. Rangez la terrine au réfrigérateur et laissez reposer jusqu'au lendemain.

Avant de servir, préparez la vinaigrette : mélangez le vinaigre avec sel et poivre. Lorsque le sel est dissous, ajoutez la moutarde, l'échalote et la sauge. Battez bien et ajoutez l'huile en filet. Ajoutez l'eau et battez plus vigoureusement pour émulsionner.

Servez la terrine découpée en tranches, accompagnée de la vinaigrette. Si votre gelée est suffisamment prise, vous pouvez démouler la terrine avant de la découper.

Clafoutis aux cerises

Préchauffez le four à 180 °C (th. 6).
Beurrez un moule à tarte en porcelaine et saupoudrez-le de 20 g de sucre.
Lavez et équeutez les cerises. Séchez-les doucement avec du papier absorbant et répartissez-les dans le moule. Piquez chaque cerise avec la pointe d'un couteau.
Faites fondre le beurre jusqu'à ce qu'il prenne une couleur noisette ; réservez.
Battez les œufs avec la crème et le lait. Incorporez la farine, le sucre et enfin le beurre fondu. Versez ce mélange sur les cerises et faites cuire 45 minutes au four.

Pour 4 à 6 personnes

1 kg de cerises burlat
150 g de sucre (dont 20 g pour le moule)
50 g de beurre + une noisette pour beurrer le plat
3 œufs
3 cuillerées à soupe de crème double
25 cl de lait
4 cuillerées à soupe de farine

AUTOMNE

La tenue du chef

Sans le savoir, le chef dans sa tenue blanche promène l'histoire de son métier. Au tout début de sa carrière, il est coiffé d'un petit chapeau qui tient plus du béret que de la toque. Au fil des acquisitions, il arbore la vraie toque, celle qui sert à retenir ses cheveux mais aussi à lui donner une prestance. Si le cuisinier se tient mal devant le fourneau et baisse la tête, la toque tombe sur le piano. C'est pour cela qu'on le voit digne, le fouet à la main, occupé à monter ses blancs en neige. Sa veste possède un double boutonnage qui lui permet de jongler avec le revers pour cacher les taches avant de faire son tour de salle. Son petit foulard, noué serré autour du cou, le protège des chauds et froids lorsqu'il passe de la chambre froide au fourneau. La longue bride de son tablier lui permet de se barder comme un rôti avant le travail. Il fait la boucle sur le ventre et rabat deux fois le tissu sur le nœud afin que la boucle de la bride n'accroche pas, par accident, la queue de la casserole remplie d'eau bouillante. Cette double épaisseur le protège aussi de la chaleur, le ventre se situant au niveau de la plaque brûlante du fourneau. Le militaire a sa tenue de combat, le chef arbore la sienne avec orgueil dès le plus jeune âge, c'est ainsi qu'il peut fredonner la mélodie du « frich'ti » empreint d'un immense plaisir.

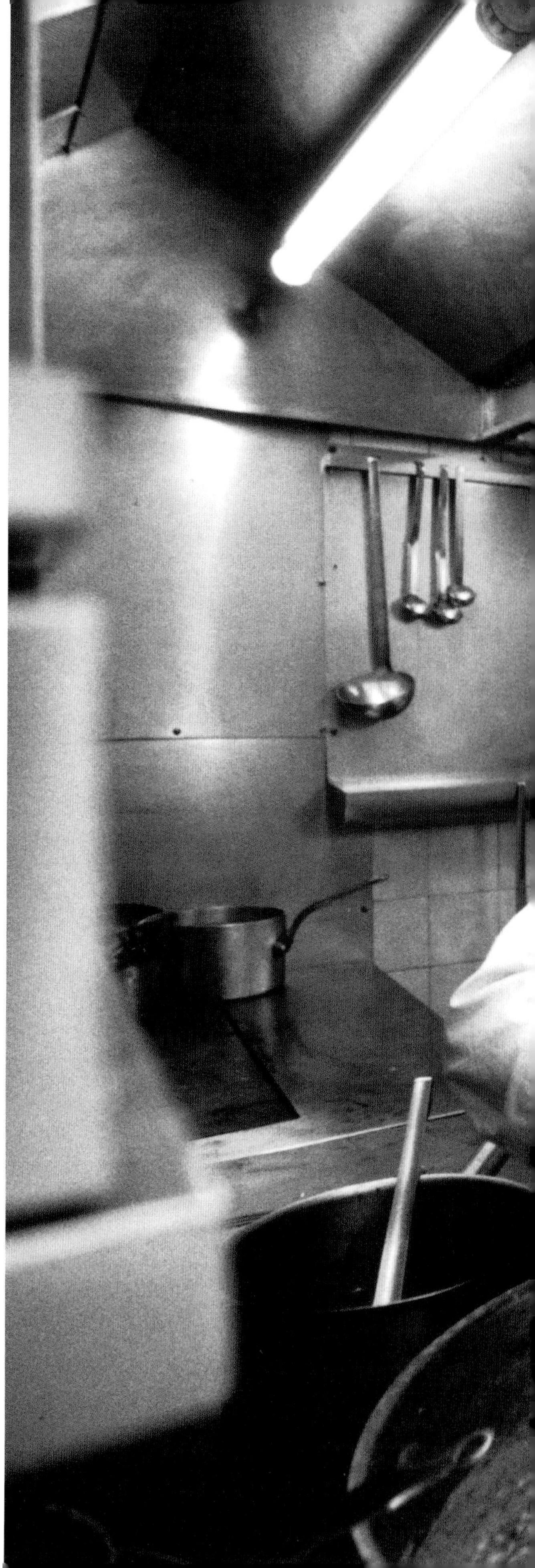

Pommes de terre solognotes

Dans une grande casserole, faites chauffer le lait avec le poivre et toutes les herbes sauf le thym. Portez à ébullition, baissez le feu et faites frémir 10 minutes. Passez au chinois en recueillant le lait dans un grand saladier.
Pelez et lavez les pommes de terre, taillez-les en rondelles de 3 mm d'épaisseur. Au fur et à mesure que vous les découpez, réservez-les dans le lait. Laissez mariner 30 minutes.
Préchauffez le four à 170 °C (th. 5-6).
Frottez d'ail les parois d'une cocotte ou d'un moule à soufflé, puis beurrez-les largement. Égouttez les pommes de terre, rangez-les en couches bien régulières dans la cocotte en salant et en poivrant chaque couche, et en ajoutant un peu de crème fraîche à chaque fois. Terminez par la crème fraîche et émiettez le thym sur la surface. Couvrez la cocotte en intercalant une feuille d'aluminium sous le couvercle ou couvrez le moule d'une feuille d'aluminium. Faites cuire 30 minutes au four, retirez l'aluminium et découvrez la cocotte ; parsemez de gruyère râpé et faites cuire encore 15 minutes au four sans couvrir.
Ces pommes de terre accompagneront délicieusement un carré d'agneau au four ou un gigot, mais elles peuvent également être servies en plat unique avec une salade.

Pour 4 personnes

1 litre de lait
6 grains de poivre noir
3 branches d'estragon frais
1/2 feuille de laurier
3 ciboules nettoyées
3 feuilles d'oseille
1 branche de thym
1 kg de pommes de terre
1 gousse d'ail pelée
50 g de beurre
25 cl de crème fraîche
75 g de gruyère râpé
sel, poivre du moulin

Forestière provençale
(d'après Guy Gedda)

Pour 4 personnes

50 g de cèpes séchés
ou 300 g de cèpes bouchons frais
250 g de champignons de Paris
250 g d'échalotes
3 oignons moyens
200 g de petit-salé
3 cuillerées à soupe d'huile d'olive
25 cl de vin blanc sec
30 g de beurre
1 branche de thym
1 feuille de laurier
100 g d'olives vertes dénoyautées
10 branches de persil plat
sel, poivre du moulin

Faites tremper les cèpes séchés 20 minutes dans un grand bol d'eau chaude. Si vous utilisez des cèpes frais, parez-les soigneusement avec un couteau d'office et essuyez-les avec du papier absorbant humide. Parez, lavez et égouttez les champignons de Paris. Selon leur taille, laissez-les entiers ou coupez-les en deux ou en quartiers.

Pelez les échalotes, laissez-les entières. Pelez les oignons et hachez-les. Taillez le petit-salé en lardons. Dans une cocotte, faites revenir le tout dans l'huile d'olive pendant 10 minutes sur feu moyen jusqu'à légère coloration. Ajoutez le vin blanc, salez, poivrez et faites réduire presque à sec.

Pendant ce temps, faites sauter au beurre les champignons de Paris et les cèpes frais taillés en grosses tranches (si vous les utilisez). Si vous utilisez des cèpes séchés, ajoutez-les, égouttés, une fois que les champignons de Paris ont rendu leur eau. Salez, poivrez légèrement.

Ajoutez ce mélange au contenu de la cocotte ; ajoutez le thym, le laurier, les olives et 50 cl d'eau. Couvrez et laissez compoter 30 minutes.

Pendant ce temps, ciselez finement les feuilles du persil plat. Ajoutez-les à la forestière juste avant de servir. Cette garniture accompagne la pintade ou le colvert rôti. On peut en garnir des feuilletés ou des tartines, y ajouter si l'on veut de petites pommes de terre grenaille entières, des artichauts et/ou des tomates, ou en accommoder des gnocchi.

GRATIN DE CHOU-FLEUR AU SAINT-MARCELLIN

POUR 4 PERSONNES

1 chou-fleur
2 saint-marcellin tendres mais non coulants
150 g de lard de poitrine fumé
2 oignons
60 g de beurre
1 pincée de fleurs de thym
3 feuilles de laurier
sel, poivre du moulin

Préchauffez le four à 210 °C (th. 7).

Taillez la poitrine fumée en lardons. Émincez les oignons en lamelles.

Poêlez les oignons et les lardons environ 10 minutes dans un peu de beurre. Salez, poivrez et réservez.

Détaillez le chou-fleur en bouquets et faites-le cuire environ 20 minutes à l'eau bouillante salée. Égouttez-le, couvrez-le de noisettes de beurre et réservez-le.

Taillez les saint-marcellin en lamelles. Réservez.

Beurrez un plat à gratin. Répartissez-y les bouquets de chou-fleur. Ajoutez les lardons et les oignons, puis couvrez les bouquets de chou-fleur des lamelles de saint-marcellin. Parsemez de thym, insérez les feuilles de laurier entre les bouquets.

Faites gratiner environ 20 minutes au four, et servez bien chaud.

Hachis lyonnais
(d'après Paul Bocuse)

Pour 4 personnes

1 chou vert
800 g de pommes de terre bintje
50 cl de lait entier
150 g de beurre (60 g pour la purée, 40 g pour la farce, 20 g pour la cocotte et 30 g pour le gratin)
les restes d'un pot-au-feu (environ 500 g de viande désossée et dégraissée)
1 oignon
2 échalotes
1 cuillerée à soupe de concentré de tomate
1 œuf entier
75 g d'emmenthal râpé
sel, poivre du moulin, noix de muscade

Éliminez les feuilles extérieures abîmées du chou. Prélevez les feuilles saines et faites-les blanchir 20 minutes dans de l'eau bouillante salée. Rafraîchissez-les sous l'eau froide courante, secouez la passoire puis laissez égoutter.
Lavez soigneusement les pommes de terre et faites-les cuire à l'eau bouillante salée 20 à 30 minutes selon leur grosseur. Testez la cuisson avec la pointe d'un couteau ; elles doivent être parfaitement tendres. Passez-les sous l'eau froide, pelez-les puis passez-les au presse-purée. Ébouillantez le lait. Ajoutez à la purée le beurre, sel, poivre et assez de lait pour obtenir une purée un peu claire. Couvrez et laissez tiédir.
Hachez finement la viande au couteau. Hachez de même l'oignon et les échalotes. Faites revenir l'oignon et les échalotes dans le beurre jusqu'à ce qu'ils soient fondus et légèrement dorés. Ajoutez la viande hachée et faites revenir quelques minutes. Ajoutez le concentré de tomate, mélangez bien, laissez mijoter 10 minutes sur feu très doux.
À la purée tiède, incorporez l'œuf et 50 g d'emmenthal râpé. Râpez un peu de muscade sur le tout. Préchauffez le four à 180 °C (th. 6).
Beurrez généreusement la cocotte et tapissez-en le fond de 2 cm de feuilles de chou superposées. Couvrez de la farce, puis de la purée. Égalisez la surface et tracez-y des dessins à la fourchette. Couvrez de noisettes de beurre et du reste d'emmenthal. Glissez au four la cocotte non couverte et laissez gratiner 45 minutes. Servez avec une salade d'endives et un beaujolais.

Blanquette de veau à l'ancienne

Pour 6 personnes

1,5 kg de veau en morceaux (tendron ou flanchet, jarret avant et poitrine)
1 cube de bouillon de volaille
1 branche de céleri
2 carottes
1 blanc de poireau
2 oignons moyens
2 clous de girofle
1 bouquet garni (thym, laurier, queues de persil plat)
1/2 cuillerée à café de grains de poivre noir
250 g de champignons de Paris
20 g de beurre
1 1/2 citron
4 jaunes d'œufs
20 cl de crème fraîche
sel, poivre du moulin

Portez à ébullition 1,5 litre d'eau dans un faitout. Ajoutez le cube de bouillon, laissez-lui le temps de se dissoudre puis ajoutez les morceaux de veau, le céleri, les carottes, le blanc de poireau, les oignons (dont un piqué des clous de girofle), le bouquet garni et le poivre. Au retour de l'ébullition, couvrez, baissez le feu et faites cuire doucement environ 1 heure, jusqu'à ce que le veau soit bien tendre à la pointe d'un couteau.

Pendant la cuisson du veau, parez, nettoyez et lavez les champignons. Épongez-les puis émincez-les en tranches ou en quartiers s'ils sont moyens, en deux s'ils sont petits. Faites-les revenir au beurre sur feu vif avec un peu de sel et 2 cuillerées à café de jus de citron. Quand toute l'eau de végétation s'est évaporée, faites dorer les champignons sur feu doux pendant quelques minutes. Réservez.

Quand le veau est cuit, passez le bouillon de cuisson au chinois et égouttez les morceaux. Réservez la viande et les champignons au chaud dans le plat creux de service. Rectifiez l'assaisonnement du bouillon.

Battez les jaunes d'œufs avec le jus de 1 citron. Ajoutez la crème fraîche et mélangez soigneusement. Ajoutez une louche de bouillon, mélangez ; détendez ce mélange dans une casserole avec suffisamment de bouillon pour obtenir la quantité de sauce que vous désirez. Faites chauffer sur feu doux en remuant jusqu'à épaississement, mais ne laissez pas bouillir.

Versez la sauce sur le veau et les champignons. Servez immédiatement avec un riz blanc.

POT-AU-FEU DE JAMBON

Faites dessaler le jambon 12 heures dans de l'eau froide que vous changez deux ou trois fois.
Le lendemain, épluchez les légumes. Coupez en tranches les carottes et le céleri, piquez l'oignon de 4 clous de girofle, confectionnez le bouquet garni. Réunissez le tout dans un grand faitout, ajoutez 3 litres d'eau, portez à ébullition ; ajoutez le cube de bouillon et les grains de poivre. Plongez le jambon dans ce court-bouillon et faites-le cuire 3 heures à 3 h 30 (selon grosseur) à petit frémissement.
Pendant ce temps, faites blanchir le chou 10 minutes à l'eau bouillante salée. Égouttez-le, rafraîchissez-le sous l'eau froide courante et pressez-le bien pour éliminer l'humidité. Émincez finement le chou et faites-le étuver 30 minutes dans une cocotte avec 20 g de beurre, sel et poivre. Ajoutez en fin de cuisson le reste du beurre.
Égouttez le jambon et servez-le découpé, accompagné du chou au beurre et de moutarde de Charroux ou bien de moutarde violette de Brive.

POUR 6 PERSONNES

1 jambon demi-sel de 1,5 à 2 kg
3 carottes
2 branches de céleri
1 oignon
4 clous de girofle
1 bouquet garni (thym, laurier, sauge, queues de persil plat, vert de poireau)
1 cube de bouillon de bœuf ou de légumes
12 grains de poivre noir
1 chou vert
50 g de beurre
sel, poivre du moulin
moutarde de Charroux ou de Brive pour le service

Jésus de Morteau à la vigneronne

Pour 4 à 6 personnes

2 jésus de Morteau de 400 à 500 g chacun
3 oignons
3 clous de girofle
quelques sarments de vigne verts
1 bouquet garni (thym, laurier, queues de persil)
25 cl de vin d'Arbois blanc
2 litres d'eau
1 kg de pommes de terre à chair ferme (roseval, belle-de-fontenay)
100 g de poitrine fumée
100 g de beurre
sel, poivre du moulin

Il vous faut une grande cocotte ronde ou ovale.
Piquez chaque oignon d'un clou de girofle.
Cassez les sarments en morceaux de 20 à 25 cm et disposez-les dans le fond de la cocotte en une couche épaisse, en y intercalant les oignons et le bouquet garni. Ajoutez le vin et l'eau ; les sarments doivent dépasser du liquide de 2 cm environ. Complétez la quantité de liquide en respectant les proportions.
Portez à ébullition, baissez le feu, couvrez et laissez cuire 1 heure à petit bouillon.
Pelez et lavez les pommes de terre. Piquez légèrement les jésus. Déposez-les sur les sarments, ajoutez les pommes de terre et le lard. Salez légèrement, poivrez, couvrez et faites cuire entre 30 et 40 minutes.
Égouttez les jésus, les pommes de terre et les sarments. Recouvrez de ceux-ci le plat de service. Taillez les jésus en tranches épaisses et disposez-les sur les sarments ainsi que les pommes de terre et le lard. Accompagnez de beurre fondu.

cocotte

Blanquette de joues de porcelet au riz pilaf
(d'après Rodolphe Paquin)

Pour 4 personnes

12 joues de porcelet
40 cl de vin blanc sec
1 oignon
1 clou de girofle
1 branche de céleri
1 blanc de poireau
4 petits oignons blancs
1 bouquet garni (thym, laurier, queues de persil)
20 cl de crème fleurette
le jus de 1/2 citron
sel fin, poivre du moulin

Le riz pilaf
1 oignon finement haché
25 g de beurre
240 g de riz long grain
1 branche de thym
1 feuille de laurier
sel

La veille ou le matin de la recette, déposez les joues de porcelet dans une casserole. Ajoutez le vin blanc et couvrez d'eau froide à hauteur. Ajoutez l'oignon piqué du clou de girofle, le céleri, le blanc de poireau, les oignons blancs et le bouquet garni. Ne salez pas, mais poivrez. Portez à ébullition, écumez, couvrez et faites cuire 2 heures sur feu doux. Laissez tiédir et réservez le tout au frais.

1 heure avant de servir, réchauffez le contenu de la casserole tout en préchauffant le four à 120 °C (th. 4). Réservez les joues de porcelet et les petits oignons dans un plat que vous gardez au chaud, dans le four. Pendant ce temps filtrez le jus de cuisson et faites-le réduire à consistance sirupeuse. Ajoutez la crème, le jus de citron, sel et poivre. Sortez la viande du four et remettez-la dans la sauce. Couvrez et réservez.

Portez la température du four à 180 °C (th. 6). Dans une cocotte en fonte, faites revenir l'oignon dans le beurre. Faites-y « nacrer » le riz : faites revenir ce dernier jusqu'à ce que tous les grains soient bien enrobés de beurre. Mouillez d'eau chaude à raison d'une fois et demie le volume de riz, salez, ajoutez le thym et le laurier, portez à ébullition puis glissez la cocotte au four sans la couvrir. Faites cuire de 18 à 20 minutes. Retirez la cocotte du four, aérez le riz avec une fourchette à trois dents. Servez la blanquette chaude avec le riz pilaf.

ESTOUFFADE DE MARCASSIN

La veille, piquez avec une fourchette tous les morceaux de viande sur toutes leurs faces. Faites-les mariner au frais dans le vin rouge avec 2 gousses d'ail râpées, le poivre en grains légèrement écrasé et 1 cuillerée à soupe d'huile d'arachide.
Le lendemain, retirez les morceaux de marcassin de la marinade (réservez celle-ci) et épongez-les soigneusement. Faites-les dorer sur toutes leurs faces, dans une cocotte en fonte, dans 20 g de beurre fondu avec le reste de l'huile. Laissez bien colorer, réservez les morceaux sur une assiette et jetez la graisse de cuisson. Remplacez-la par le reste du beurre, les lardons, l'oignon émincé et la dernière gousse d'ail hachée. Faites revenir le tout 5 minutes sur feu moyen, ajoutez les morceaux de marcassin et le jus qu'ils ont rendu, saupoudrez de farine. Laissez cuire encore 2 minutes en remuant bien, puis ajoutez la marinade et 25 cl d'eau. Portez à ébullition, ajoutez le cube de bouillon, le bouquet garni, un peu de sel et de poivre. Baissez le feu, couvrez et faites cuire de 1 h 30 à 2 heures, jusqu'à ce que la viande soit tendre. Au terme de la cuisson, rectifiez l'assaisonnement et ajoutez (si vous voulez) la purée de myrtilles. Mélangez bien et donnez encore quelques petits bouillons. Servez avec des pommes de terre cuites à l'eau et, éventuellement, une poêlée de mousserons. Vous pouvez ouvrir un bon côtes-du-rhône rouge.

POUR 6 PERSONNES

1 kg de sauté de marcassin en morceaux
75 cl de vin rouge (côtes-du-rhône)
3 gousses d'ail
6 grains de poivre noir
3 cuillerées à soupe d'huile d'arachide
50 g de beurre
50 g de lard de poitrine fumé taillé en lardons
1 oignon
1 cuillerée à soupe de farine
1 cube de bouillon de bœuf
1 bouquet garni (thym, laurier, queues de persil)
2 cuillerées à soupe de purée de myrtilles
au naturel (facultatif)
sel, poivre du moulin

La cocotte

Une cocotte qui « accroche » est une cocotte en manque d'affection. Elle se manifeste ainsi en brutalisant le ragoût. Elle le retient au fond et le griffe. Une cocotte ne supporte pas qu'on la délaisse pour une autre tâche ménagère. Se sentant seule, elle se dépêche, elle court, elle souffle comme une locomotive pour se retrouver dans un combat à mains nues avec la pomme de terre, la carotte ou la tranche de lard. Malheur à celle-ci. Elle paye pour le cuisinier distrait par le téléphone ou l'apéritif qui s'éternise. Lorsque le signal de détresse retentit, il est souvent trop tard. L'habitant de la cocotte a rendu l'âme. Le cuisinier indélicat joue alors de la spatule pour décoller, gratter. Il ajoute un peu de jus du poulet d'hier pour calmer les ardeurs du vainqueur, rien n'y fait. Le dompteur aime rappeler que même le tigre le plus apprivoisé reste une bête sauvage. Le cuisinier doit se souvenir que sous le couvercle bonhomme de sa cocotte, l'orage couve, la foudre somnole, il suffit d'un rien pour que le cumulo-nimbus provoque le rôti.

Baeckeoffe

Il vous faut pour cette recette une grande terrine ovale munie d'un couvercle ; à défaut, utilisez une cocotte ovale en fonte, mais la cuisson sera à surveiller plus attentivement car le contenu dessèche plus vite.

24 heures à l'avance, mélangez les ingrédients de la marinade et mettez-y les viandes au frais, à couvert.

Préchauffez le four à 225 °C (th. 7-8).

Frottez la terrine avec les 2 gousses d'ail écrasées.

Pelez les pommes de terre et les oignons, et taillez-les en fines tranches à la mandoline ou à l'aide d'un couteau tranchant. Émincez finement les blancs de poireau.

Étalez au fond de la terrine une couche de pommes de terre, d'oignons et de poireaux. Déposez-y une couche de viandes, puis une autre couche de légumes, et continuez ainsi jusqu'à épuisement des ingrédients en terminant par une couche de légumes.

Mouillez avec la marinade ; complétez avec un peu de sylvaner pour recouvrir complètement. Couvrez la terrine.

Si vous désirez la luter (ce détail est facultatif maintenant que la baeckeoffe n'est plus cuite au four du boulanger), mélangez la farine, l'eau et l'huile et servez-vous de cette pâte pour sceller l'ouverture de la terrine pendant la cuisson. Le lut sera cassé à table juste avant de servir dans la terrine de cuisson.

Faites cuire de 5 à 7 heures au four (au bout de 4 heures, vérifiez la cuisson et le fondant et estimez approximativement le temps de cuisson nécessaire). Si vous ne lutez pas, surveillez la cuisson deux ou trois fois et ajoutez du vin blanc si nécessaire.

Pour 8 à 10 personnes

750 g d'échine de porc en gros morceaux
300 g d'épaule d'agneau en gros morceaux
450 g de collier d'agneau en tranches
750 g de gîte de bœuf (ou de quasi de veau) en morceaux
1 pied de porc coupé en deux
1 queue de veau coupée en morceaux
2 gousses d'ail
2 blancs de poireau
3 kg de pommes de terre charlotte
1 kg d'oignons

La marinade

1 litre de sylvaner (prévoir 2 litres pour les besoins de la cuisson)
1 oignon en fines tranches
1 poireau émincé
2 gousses d'ail écrasées
1 feuille de laurier
1 branche de thym frais
1 brin de livèche
1 cuillerée à soupe de baies de genièvre
1 cuillerée à dessert de poivre mignonnette
un peu de noix de muscade râpée
sel

Le lut

125 g de farine
5 cuillerées à soupe d'eau
1 cuillerée à soupe d'huile

Osso buco

Pour 4 personnes

1 kg de jarret de veau
en tranches de 3 à 4 cm d'épaisseur
2 carottes
2 oignons
1 branche de céleri
3 gousses d'ail
1 kg de tomates bien mûres
3 cuillerées à soupe de farine
4 cuillerées à soupe d'huile d'olive
25 cl de vin blanc sec
1 orange non traitée
sel, poivre du moulin

Taillez les carottes, les oignons et le céleri en petits dés (autrement dit : en mirepoix). Écrasez les gousses d'ail avec le plat d'un couteau, pelez-les et hachez-les. Mondez les tomates après les avoir plongées dans l'eau bouillante ; coupez-les en quartiers.

Farinez les tranches de jarret de veau. Faites-les dorer sur les deux faces à l'huile d'olive dans une grande cocotte, puis ajoutez les légumes en mirepoix. Laissez un peu colorer, puis ajoutez les tomates, le vin blanc et 25 cl d'eau. Salez et poivrez.

Couvrez, baissez le feu et laissez mijoter 1 h 30. Rectifiez l'assaisonnement.

Pendant ce temps, prélevez le zeste de l'orange à l'aide d'un couteau zesteur. Hachez-le finement au couteau. Pressez le jus de l'orange.

Lorsque l'osso buco est bien tendre, ajoutez le zeste et le jus d'orange. Servez avec des pâtes fraîches.

Gigue de chevreuil au four

Pour 8 personnes

1 gigue de chevreuil de 2 kg environ, lardée par votre boucher
50 g de beurre en pommade
10 cl de crème fraîche
sel, poivre du moulin

La marinade
1 carotte taillée en fines rondelles
2 oignons moyens taillés en lamelles
1 branche de céleri taillée en petits tronçons
20 cl d'huile d'olive ou de pépins de raisin
15 cl de vinaigre de vin rouge
15 cl de bon vin rouge corsé (côtes-du-rhône)
10 cl de cognac
1 bouquet garni (thym, laurier, queues de persil plat)
1 cuillerée à café de baies de genièvre
1 cuillerée à café de poivre noir en grains

Dans un récipient allongé assez grand pour contenir la pièce de gibier, réunissez les légumes de la marinade. Ajoutez l'huile, le vinaigre, le vin, le cognac, le bouquet garni, le genièvre et le poivre. Mélangez, déposez la gigue de chevreuil dans le plat et retournez-la plusieurs fois en la frottant bien de marinade. Réservez 24 heures au réfrigérateur en retournant la viande six ou sept fois au cours de ce temps de repos.
Le jour de la cuisson, sortez la gigue du réfrigérateur 2 heures à l'avance pour l'égoutter et la ramener à température ambiante. Préchauffez le four à 240 °C (th. 8) et placez-y une grille à mi-hauteur. Passez au chinois le jus de la marinade et réservez-le.
Frottez largement la gigue de beurre en pommade, de sel et de poivre du moulin, puis déposez-la dans la lèchefrite. Mettez au four et ayez de l'eau bouillante à portée de main. Faites cuire la gigue 1 heure environ. Au bout de 15 minutes de cuisson, ajoutez de l'eau bouillante dans la lèchefrite si la cuisson se dessèche trop, et arrosez fréquemment la gigue avec le jus de cuisson. Retournez la pièce à mi-cuisson. Surveillez la chaleur du four afin de la baisser si besoin est.
Pendant la cuisson de la gigue, faites réduire aux deux tiers le jus de la marinade filtré. Réservez.
Lorsque la gigue est cuite, laissez-la reposer 10 minutes dans le four éteint. Sortez-la du four et découpez-la. Disposez les tranches sur un plat de service chauffé, couvrez celui-ci d'une feuille d'aluminium et réservez le tout sur la porte du four ouvert.
Réunissez le jus de cuisson et le jus de découpage, dégraissez au maximum et posez la lèchefrite sur feu vif. Ajoutez 10 cl d'eau pour déglacer les sucs en raclant bien avec une spatule en bois. Ajoutez la marinade réduite et enfin la crème fraîche. Lorsque ce jus vous paraît suffisamment concentré, versez-le en saucière. Servez sans attendre la gigue de chevreuil et sa sauce avec une purée de céleri-rave et un bon gigondas.

LE COLLECTIONNEUR

La cave et la bibliothèque ont un petit air de famille. L'amateur de vins aligne ses bouteilles comme l'homme de lettres ordonne ses livres sur l'étagère. Grands-échezeaux, Othello, vosne-romanée, Médée, il n'y a pas de frontière dans l'ivresse du plaisir.
Du bout des doigts, l'un et l'autre palpent à l'aveugle l'étiquette et la tranche du livre.
Le livre est bavard.
La bouteille est secrète.
Il suffit au lecteur d'aérer à la volée les pages de l'ouvrage pour que les mots soient pulvérisés au nez des convives. Ils s'accrochent, rebelles, à la moustache, se glissent indiscrets par les commissures des lèvres. Ils vivent.
La bouteille, elle, est un rien chochotte. Elle ne se déplace que sur rendez-vous, muette comme une carpe. Hélée par le regard du propriétaire de la cave, elle prend congé et disparaît allongée comme une diva dans les bras de celui qui la convoite. Le prétendant prend garde de ne pas effleurer la poussière qui la recouvre. Il retient son souffle et ses mots. Enfin le tire-bouchon interrompt cette minute de silence, de recueillement. Restés entre tanins et raisins, les mots du vin ont une belle mémoire. Dans le verre, ils se présentent, dans la bouche ils roulent comme des cailloux et retrouvent les mots extravagants du livre.
Un amateur doit toujours finir son livre avant de quitter la table.

Duras
Chester Himes
PHILIPPE DJIAN
PARIS
Jean Ducloux cuisinier à Tournus
LA RIVE
Dédale
GUERRE DU GOLFE
LE VOL DE L'INTRUDER
destruction d'un coeur
CHATEAU SIGALAS RABAUD
Sancerre
CHATEAU MARTIN-DUCASSE
HAUT-MÉDOC
SAINT-JOSEPH
Azay-le-Rideau
DE LA ROCHE

Gargouilleau aux poires

Pour 6 personnes

12 poires mûres mais fermes
50 g de beurre
50 g de farine
2 œufs
20 cl de lait
20 cl de crème fleurette
100 g de sucre

Préchauffez le four à 220 °C (th. 7-8).
Pelez les poires. Épépinez-les à l'aide d'un vide-pomme et taillez-les en fines tranches rondes.
Beurrez une terrine.
Mélangez soigneusement la farine, les œufs, le lait, la crème et les deux tiers du sucre. Incorporez à cette crème les rondelles de poire.
Versez le tout dans la terrine, saupoudrez de sucre et du reste de beurre en parcelles. Faites cuire pendant 50 minutes au four et servez chaud ou tiède.

HIVER

Gratin de coquillettes aux œufs

Pour 4 personnes

- 250 g de coquillettes
- 1 cuillerée à soupe d'huile d'arachide
- 50 g de beurre + 20 g pour le plat à gratin
- 4 grosses tomates
- 1 oignon haché
- 1 morceau de sucre
- 4 œufs
- 150 g de gruyère râpé
- sel, poivre du moulin

Portez à ébullition une grande casserole d'eau salée additionnée de l'huile d'arachide. Faites-y cuire les coquillettes pendant 6 à 10 minutes, égouttez-les et réservez-les.

Préchauffez le four à 210 °C (th. 7).

Mondez les tomates après les avoir plongées quelques secondes dans l'eau bouillante. Concassez-les grossièrement. Dans une casserole, faites chauffer le beurre. Ajoutez l'oignon, les tomates, le sucre, sel et poivre. Laissez compoter sur feu moyen 15 minutes environ en remuant de temps en temps.

Faites cuire les œufs 5 minutes à l'eau bouillante. Écalez-les et réservez-les.

Beurrez un plat à gratin ovale. Versez-y les coquillettes, couvrez de sauce tomate. Coupez les œufs en rondelles, répartissez-les sur toute la surface du gratin et couvrez de gruyère râpé. Faites gratiner de 15 à 20 minutes au four et servez bien chaud.

Maquereaux au vin blanc

Pour 6 personnes

1 kg de maquereaux très frais
(lisettes ou maquereaux plus gros)
2 carottes
1 oignon
2 échalotes
2 branches de thym
2 feuilles de laurier
2 branches de persil plat
2 clous de girofle
1/2 cuillerée à café de graines de coriandre
1/2 cuillerée à café de poivre en grains
25 cl de vin blanc sec
25 cl de vinaigre de vin blanc
25 cl d'eau
fleur de sel

Videz, ébarbez et étêtez vos maquereaux (ou faites exécuter cette tâche par le poissonnier). Rincez-les et épongez-les dans du papier absorbant. Rangez-les dans un plat creux et réservez.

Si vous utilisez des maquereaux plus gros que des lisettes, préchauffez le four à 160 °C (th. 5-6).

Taillez les carottes, l'oignon et les échalotes en fines lamelles. Réunissez-les dans une casserole avec le thym, le laurier, le persil, les clous de girofle, la coriandre, le poivre, le vin blanc, le vinaigre, l'eau et un peu de fleur de sel. Portez à ébullition, couvrez et faites frémir ce mélange pendant 15 minutes.

Versez ce mélange sur vos maquereaux. Ils doivent être bien recouverts. Pour les lisettes, cette opération suffit à les cuire : couvrez le plat et laissez refroidir. Les maquereaux plus gros iront 10 minutes au four pour parfaire leur cuisson. Hors du four, couvrez-les, laissez refroidir. Laissez reposer 12 heures au frais avant de consommer.

Coq au chambertin

Pour 6 personnes

1 coq de 2 kg coupé en morceaux avec son foie
100 g de couenne de porc
40 g de beurre
1 cuillerée à soupe de farine
5 cl de cognac
1 cuillerée à soupe de concentré de tomate
125 g de lard de poitrine salé
250 g de champignons de Paris nettoyés et lavés
quelques branches de persil plat
sel, poivre du moulin

La marinade

1 bouteille (75 cl) de chambertin
2 cuillerées à soupe d'huile de pépins de raisin
1 oignon taillé en lamelles
2 échalotes ciselées
1 carotte en fines rouelles
3 gousses d'ail écrasées
1 bouquet garni (thym, laurier, queues de persil plat)
2 clous de girofle
6 grains de poivre noir

24 heures à l'avance, réunissez les ingrédients de la marinade dans une terrine et mélangez-les bien. Disposez-y les morceaux de coq sans oublier le foie, retournez-les plusieurs fois, couvrez et faites mariner au frais. Ils doivent bien être recouverts de marinade.

Le lendemain, sortez la terrine du réfrigérateur 1 heure à l'avance. Réservez à part les morceaux de coq et les aromates dans une passoire, d'autre part le jus de la marinade. Gardez le foie à part, au frais.

Lorsque le coq est revenu à température ambiante, coupez la couenne de porc en petits morceaux. Faites chauffer le beurre et la couenne dans une grande cocotte et faites-y dorer les morceaux de coq sur toutes leurs faces. Ajoutez les aromates réservés, saupoudrez de farine et mélangez bien. Ajoutez le cognac, portez à ébullition, puis faites flamber. Quand les flammes sont éteintes, ajoutez la marinade filtrée, 25 cl d'eau et le concentré de tomate. Salez, poivrez. Couvrez et faites mijoter de 1 h 30 à 2 heures, jusqu'à ce que le coq soit tendre.

Taillez le lard en dés. Émincez les champignons en lamelles. Faites fondre le lard sur feu doux, puis faites-y sauter les champignons.

Réservez les morceaux de coq au chaud dans un plat creux avec les champignons et les lardons. Pilez finement le foie du coq ou passez-le au mixeur. Faites réduire la sauce sur feu vif presque à la consistance désirée, retirez du feu et ajoutez immédiatement la purée de foie ; ne laissez plus bouillir. Nappez les morceaux de coq de cette sauce. Parsemez de persil haché et servez avec des pommes de terre vapeur ou des tagliatelle.

Gratin de fenouil au beaufort

Pour 4 personnes

6 bulbes de fenouil
le jus de 1 citron
1 branche de thym
1 feuille de laurier
3 cuillerées à soupe d'huile d'olive
250 g de beaufort d'alpage
sel, poivre du moulin
fleur de sel

La béchamel
50 g de beurre
40 g de farine
50 cl de lait
1 jaune d'œuf
1 cuillerée à soupe de crème fraîche
poivre du moulin, noix de muscade râpée

Retirez les côtes extérieures dures des bulbes de fenouil et raccourcissez les tiges. Couvrez-les tout juste d'eau froide dans une casserole, ajoutez le jus de citron, salez et poivrez. Ajoutez le thym et le laurier. Portez à ébullition et faites cuire 20 minutes sur feu doux.

Égouttez les fenouils en réservant le bouillon, rafraîchissez-les, coupez-les en tranches fines et faites-les revenir 10 minutes à l'huile d'olive dans une poêle.

Filtrez le bouillon de cuisson.

Faites fondre le beurre sur feu doux dans une casserole, ajoutez la farine et faites cuire 2 à 3 minutes. Ajoutez le lait froid, battez bien pour éviter les grumeaux et faites cuire jusqu'à ce que la sauce soit bien épaisse. Détendez-la avec le bouillon réservé jusqu'à obtenir une consistance onctueuse. Retirez du feu, ajoutez le jaune d'œuf et la crème fraîche en battant bien. Poivrez, ajoutez un peu de muscade.

Préchauffez le four à 210 °C (th. 7). Retirez la croûte du beaufort, râpez-en 50 g et taillez le reste en fins copeaux avec un économe.

Étalez le tiers du fenouil dans un plat à gratin. Nappez-le d'un peu de béchamel et recouvrez de la moitié des lamelles de beaufort. Étalez une deuxième couche de fenouil, nappez-la de sauce et couvrez des lamelles de beaufort restantes. Étalez le reste du fenouil, nappez du reste de sauce et parsemez du beaufort râpé. Faites cuire 25 minutes au four.

Ce gratin sera servi en carrés pour accompagner un poisson.

Colvert façon mère Blanc

Faites découper le colvert en quatre quartiers ; salez-les et poivrez-les. Pelez les échalotes et hachez-les finement.
Faites chauffer 40 g de beurre et faites-y suer les échalotes et les lardons sur feu doux. Laissez-les blondir, puis ajoutez les morceaux de canard. Faites-les roussir sur toutes les faces, puis saupoudrez-les de farine. Mélangez pendant quelques minutes.
Ajoutez le vin blanc et le bouquet garni. Portez à ébullition, baissez le feu, couvrez et faites mijoter 30 minutes.
Nettoyez et lavez les champignons. Séchez-les dans du papier absorbant, puis taillez-les en lamelles. Arrosez-les de jus de citron au fur et à mesure pour leur éviter de noircir. Faites-les dorer à la poêle dans 30 g de beurre ; salez et poivrez en fin de cuisson.
Sur feu moyen, faites chauffer le reste du beurre. Faites-y légèrement dorer les tranches de pain de mie sur les deux faces.
Dans un plat creux de service, déposez les tranches de pain dorées et les quartiers de canard sur chaque tranche. Gardez au chaud.
Éliminez le bouquet garni et dégraissez la sauce. Faites-la réduire sur feu vif, puis ajoutez la crème fraîche. Au premier bouillon, ajoutez les champignons. Donnez encore un bouillon avant de napper le canard de cette sauce. Servez chaud.

Pour 4 personnes

1 colvert de 1,4 kg environ
3 échalotes
150 g de poitrine salée taillée en lardons
120 g de beurre
30 g de farine
75 cl de vin blanc sec
1 bouquet garni (thym, laurier, queues de persil plat)
300 g de champignons de Paris
le jus de 1/2 citron
4 tranches de pain de mie débarrassées de la croûte
2 cuillerées à soupe de crème fraîche
sel, poivre du moulin

LE JUS

Le jus, c'est l'enfance (de l'art de cuisiner bien sûr!). Un jus grandit comme un petit. Comme le bébé, il babille, gazouille, fait ses premiers pas. Il pique des colères, fait des câlins selon les heures. Un jus s'éduque avec le regard et la spatule. Au début, il cabriole dans la cocotte. Il ne jure que par le beurre et l'huile. Il ronchonne. Parfois, il gueule ses impressions. Le bouillon qui arrive pour calmer ses caprices ressemble plus à une punition qu'à un bon point. Ça hurle là-dedans comme dans une classe d'école maternelle où le loup-garou entrerait par surprise. Le jus s'apprivoise et retrouve son calme. Il fait ses bulles comme l'élève du conservatoire fait ses gammes. Il fredonne, chante ses comptines dans la cour de récréation. Il faut toujours avoir l'œil sur lui car la bêtise guette. Si on l'abandonne, il oublie de prendre son pull et attrape la chair de poule. Il est blotti au fond de la cocotte et il grelotte. La louche de bouillon de poule le console et le renvoie à ses jeux. Avant le service, on lui fait son paquetage. On glisse une lichette de cognac car il est devenu homme. Le beurre monté au fouet le fait briller sur le quai de la gare. Il se drape dans sa dignité, grand comme un héros qui rejoint le rôti. Le jus est élégant, bien élevé. Il se faufile dans le sauté d'agneau sans le bousculer. Il peut enfin entrer au Panthéon en passant par le palais.

RÂBLES DE LAPIN AU LARD ET AUX OIGNONS
(D'APRÈS CHRISTOPHE BONY)

POUR 4 PERSONNES

4 râbles de lapin de 250 g chacun
500 g de petites rattes
6 branches de romarin frais
24 fines tranches de lard de poitrine fumé
2 cuillerées à soupe d'huile d'olive
75 g de beurre
12 petits oignons nouveaux
sel, poivre du moulin

Le jus de lapin

les os et les parures de lapin réservés
1 oignon
1/2 branche de céleri
1 carotte
25 cl de vin blanc sec
1 branche de thym frais
1 branche de romarin frais

Lavez les rattes et faites-les cuire 20 minutes dans leur peau à l'eau bouillante salée. Égouttez-les et réservez-les.

Parez les râbles et désossez-les entièrement. Réservez les os et les parures. Préchauffez le four à 180 °C (th. 6). Hachez finement au couteau les feuilles de 2 branches de romarin.

Étalez 6 tranches de lard tête-bêche en les faisant se chevaucher légèrement. Étalez un râble sur le lard. Salez-le, poivrez-le et saupoudrez-le de romarin haché. Enroulez le râble dans les bardes de lard. Procédez de même avec le reste du lard et des râbles. Vous pouvez tailler les extrémités du lard avant de ficeler chaque roulade avec de la ficelle de cuisine.

Dans une cocotte en fonte, faites chauffer l'huile d'olive et 25 g de beurre. Faites-y dorer les râbles sur les deux faces. Commencez cette opération à découvert, puis couvrez la cocotte après avoir retourné les râbles. Ajoutez les rattes coupées en deux, puis les branches de romarin restantes. Couvrez la cocotte et faites cuire au four 20 minutes environ.

Pendant ce temps, pelez les oignons nouveaux en leur laissant 5 cm de vert. Faites-les blanchir 1 minute à l'eau bouillante et rafraîchissez-les sous l'eau froide courante. Égouttez.

Préparez le jus de lapin : taillez les légumes en dés. Faites colorer fortement dans une sauteuse avec un peu d'huile, les os et les parures de lapin. Ajoutez les légumes en dés, faites suer quelques instants puis ajoutez le vin blanc. Ajoutez le thym et le romarin, couvrez d'eau, portez à ébullition et faites réduire à 50 cl. Passez le jus au chinois en foulant.

Sortez la cocotte du four, ajoutez les petits oignons et remettez la cocotte au four sans la couvrir. Faites cuire encore 15 minutes Quand les râbles sont cuits, réservez-les ainsi que la garniture sur un plat recouvert d'une feuille d'aluminium.

Déglacez le contenu de la cocotte avec le jus de lapin. Faites réduire sur feu vif, puis ajoutez 50 g de beurre pour monter la sauce. Rectifiez l'assaisonnement, ajoutez les râbles réservés pour les faire chauffer et servez-les avec les pommes de terre et les oignons nouveaux. Vous pouvez accompagner ce plat d'un côtes-de-brouilly rouge.

Chou farci

Retirez les feuilles extérieures du chou. Prélevez les feuilles vert tendre, lavez-les et faites-les blanchir 2 minutes dans de l'eau bouillante salée. Rafraîchissez-les sous l'eau froide courante et égouttez-les.
Émondez les noisettes en les faisant rôtir 10 minutes à four moyen. Frottez-les encore chaudes dans un torchon pour éliminer la peau brune. Les noisettes doivent être à peine colorées.
Découennez le lard et hachez-le finement ainsi que le veau et le jambon. Mélangez le tout avec la chair à saucisse. Salez et poivrez.
Taillez les champignons de Paris en petits morceaux et faites-les revenir dans le beurre jusqu'à ce qu'ils soient tendres et légèrement dorés.
Incorporez au hachis la crème fraîche, les champignons et les noisettes. Détendez légèrement avec 15 cl de vin blanc. Rectifiez l'assaisonnement.
Préchauffez le four à 180 °C (th. 6).
Étalez la crépine sur votre plan de travail. Disposez les feuilles de chou en corolle, ajoutez une couche de 2 cm de farce, recouvrez d'une autre corolle de feuilles de chou, puis d'une couche de farce, et procédez ainsi jusqu'à épuisement des ingrédients.
Reconstituez le chou en ramassant les feuilles vers le centre et en les enveloppant dans la crépine. Ficelez soigneusement le tout avec de la ficelle de cuisine et déposez le chou farci dans la cocotte. Mouillez d'un peu de vin blanc, couvrez et mettez au four. Faites cuire 2 heures en arrosant régulièrement avec le jus de cuisson. Si celui-ci réduit trop, ajoutez du vin blanc.
Quand le chou est cuit, retirez la ficelle et servez-le coupé en parts ou en tranches, avec un bon côtes-du-rhône.

Pour 6 personnes

1 gros chou vert bien pommé
250 g de noisettes
200 g de lard de poitrine salé
200 g de veau maigre
100 g de jambon cuit
200 g de chair à saucisse
250 g de champignons de Paris nettoyés
30 g de beurre
3 cuillerées à soupe de crème fraîche
1 bouteille de vin blanc sec
1 grande crépine
sel, poivre du moulin

Les restes

Les restes d'un repas, c'est rien du tout et beaucoup à la fois. Le cuisinier qui assure les repas pour la famille le sait bien. Tronçon de rôti figé dans l'assiette à dessert. Jus de poulet scellé aux parois de la saucière. Tomate farcie isolée sur une soucoupe. Farce de volaille abandonnée dans une assiette à calotte. Tous ces petits riens sont alignés dans le réfrigérateur comme des anciens combattants, un jour de commémoration. À chaque ouverture du frigo, la lumière les éblouit et les renvoie à leur rôle d'« empêcheur de tourner en rond ». Le chef de famille les maudit, souffle de dépit devant leur existence avant de déclarer à la tablée : « Il faudra bien qu'un jour on finisse… le poulet… le gratin… la daube », et d'ajouter : « On ne va tout de même pas jeter. » Pas une seule famille digne de ce nom « ne peut jeter ». Ils ne sont pas pressés d'être ré-accommodés, ces petits riens, pas pressés du tout de quitter leur retraite. Je les soupçonne de bavarder entre eux comme des petits vieux sur le banc, sitôt la porte du frigo refermée. Dans l'obscurité, ils chuchotent à la cantonade leur vie d'avant, ils se régalent à l'évocation de leur jeunesse. « Moi, dit la cœur-de-bœuf, j'étais la plus jolie tomate du jardin. » « Moi, dit le pain perdu, je croustillais de bonheur avant de perdre la mémoire ».
Puis vient le jour où la ménagère décide de « faire quelque chose avec tous ces restes », ils sont aux anges comme des gosses à qui le moniteur de colo propose, après la pluie, un ballon prisonnier dans l'herbe humide.

UNE BELLE COCOTTE DE CHOUCROUTE

POUR 6 À 8 PERSONNES

1,5 kg de viandes de porc assorties (palette et jambonneaux demi-sel, poitrine fumée, côtelettes…)
3 saucisses de Montbéliard
6 saucisses de Strasbourg
1,5 kg de choucroute crue
2 clous de girofle
2 cuillerées à café de poivre noir en grains
1 cuillerée à café de baies de genièvre
1 bouquet garni (thym, laurier, queues de persil plat)
2 oignons
40 g de graisse d'oie (ou de saindoux)
30 cl de vin blanc sec
6 belles pommes de terre
sel

Les quenelles de foie (*lewerknepfle*)
100 g de mie de pain
10 cl de lait
1 oignon finement haché
1 gousse d'ail écrasée
1 cuillerée à soupe de graisse d'oie
250 g de foie de porc
125 g de lard de poitrine fumé, découenné
2 œufs battus
50 g de semoule de blé fine
2 cuillerées à soupe de persil haché
sel, poivre du moulin, noix de muscade râpée

Faites cuire les viandes dans une marmite d'eau à petit bouillon. Commencez par faire cuire la palette 40 minutes, puis ajoutez les autres viandes. Les saucisses de Montbéliard demandent de 20 à 30 minutes de cuisson, les saucisses de Strasbourg quelques minutes. Les quenelles de foie sont cuites à part.
Préchauffez le four à 180 °C (th. 6).
Lavez la choucroute dans plusieurs eaux jusqu'à ce que l'eau soit claire. Égouttez-la, pressez-la entre vos mains et séchez-la dans un linge, puis démêlez-la avec les doigts.
Écrasez légèrement les épices. Couvrez-les de 20 cl d'eau dans une petite casserole, ajoutez le bouquet garni, portez à ébullition et faites infuser 10 minutes.
Hachez finement les oignons. Faites-les revenir dans la graisse d'oie jusqu'à ce qu'ils deviennent translucides. Ajoutez alors la choucroute, l'infusion d'épices filtrée et le vin blanc. Portez à ébullition, couvrez et faites cuire 1 h 30 au four.
Pelez les pommes de terre et faites-les cuire à l'eau salée ou à la vapeur.
Préparez les quenelles de foie : faites tremper la mie de pain dans le lait et pressez-la. Faites revenir l'oignon et l'ail dans la graisse d'oie. Mixez le foie, le lard, la mie de pain, l'oignon et l'ail. Débarrassez cette farce dans une terrine, ajoutez les œufs, la semoule et le persil. Salez, poivrez, muscadez ; mélangez bien.
À l'aide de deux cuillères à soupe trempées dans de l'eau chaude, façonnez des quenelles et pochez-les directement 15 minutes dans une grande quantité d'eau frémissante salée.
Présentez la choucroute entourée des pommes de terre et accompagnée des viandes tranchées, des saucisses et des quenelles de foie.

Kig ha farz

Traditionnellement, dans la région des Abers qui est le berceau de cette recette, on prépare le farz dans un sac en toile blanche spécialement cousu pour cet usage. On pouvait aussi recycler une vieille manche de chemise d'homme en grosse toile de lin qui devenait alors le « sac à farz » de la famille. Vous pouvez vous aussi confectionner votre sac à farz ; veillez à le prévoir assez spacieux et à le munir de cordons coulissants pour bien le fermer.

Déposez les viandes dans une marmite. Couvrez largement d'eau, portez à ébullition et écumez trois fois. Ajoutez l'oignon piqué des clous de girofle et les baies de genièvre. Faites cuire 30 minutes ; au bout de ce temps, vérifiez la teneur en sel du bouillon et rectifiez si nécessaire.

Pendant cette première cuisson, préparez le farz : mélangez tous les ingrédients jusqu'à obtention d'une pâte onctueuse. Versez-la dans le sac sans remplir celui-ci à plus des deux tiers, puis fermez-le soigneusement. Alternativement, enfermez la pâte dans un torchon ficelé en lui laissant assez de place pour gonfler à la cuisson. Faites cuire 1 h 30.

Pendant ce temps, préparez la sauce appelée *lipig* : hachez finement les échalotes. Faites fondre le beurre avec les échalotes et laissez mijoter 30 minutes sur feu doux, jusqu'à ce que les échalotes soient bien confites. Gardez au chaud.

Épluchez les légumes et ajoutez-les au bouillon 1 heure avant la fin de la cuisson.

Servez le bouillon en soupière, les viandes en compagnie des légumes et le farz sorti de son sac et coupé en tranches (ou émietté) sur un plat. On a coutume de le mouiller d'un peu de bouillon. Servez le lipig chaud en saucière.

S'il vous reste du farz, vous pouvez le faire revenir à la poêle dans un peu de beurre demi-sel, coupé en tranches.

Pour 4 personnes

1 jarret de veau paré
600 g de joues de cochon
800 g de lard fumé coupé en 4 tranches
1 oignon
4 clous de girofle
6 baies de genièvre
4 carottes
4 navets
1 petit chou blanchi
1 boule de céleri-rave
4 belles pommes de terre
gros sel (si nécessaire)

Le farz

250 g de farine de sarrasin
1 cuillerée à café de sel
1 cuillerée à café de sucre
25 cl de crème fleurette
4 œufs
5 cuillerées à soupe de raisins de Smyrne
8 pruneaux dénoyautés (facultatif)

Le lipig

150 g de beurre
4 échalotes

Petit confit de porc

Préparez d'abord le sel aromatisé en broyant finement les clous de girofle, le poivre et la feuille de laurier. Ajoutez le thym émietté. Mélangez le sel, le sucre et les aromates.

Découpez le filet en 6 gros morceaux de 200 g environ et ficelez chacun comme une paupiette à l'aide de ficelle de cuisine. Frottez abondamment les morceaux de sel aromatisé puis déposez-les dans un pot en terre, émiettez le thym et le laurier par-dessus, couvrez du reste de sel aromatisé et laissez macérer 48 heures dans un endroit frais mais hors du réfrigérateur.

Retirez les morceaux et essuyez-les avec du papier absorbant.

Coupez en petits dés la panne de porc et le lard gras. Dans une cocotte, faites-les revenir et rissoler doucement. Ajoutez les morceaux de filet de porc à la graisse fondue et faites confire 2 heures sur feu doux.

Vous pouvez également faire confire les morceaux de porc dans du saindoux fondu.

Remettez les morceaux de porc confit dans le pot en terre lavé et essuyé. Couvrez de la graisse de cuisson filtrée, laissez refroidir. Fermez hermétiquement le pot et conservez-le dans un endroit sec et frais. Ce confit doit reposer entre six mois et un an avant d'être consommé.

Pour 6 personnes

1,2 kg de filet de porc
600 g de panne de porc et de lard gras (dans les proportions que vous désirez) ou 500 g de saindoux
2 feuilles de laurier
2 branches de thym

Le sel aromatisé

500 g de sel marin gris en poudre fine
4 clous de girofle
1 cuillerée à café de poivre noir en grains
1 feuille de laurier
1 belle branche de thym séché
250 g de sucre

BIÈRE DE NOËL
Affligem
ANNO 1074
RICARD

LE CAFÉ

Lorsque ma mère partait faire des courses, nous l'attendions, à la sortie de l'école, chez la Mère Chavarot. Berthe Chavarot tenait un café à Montferrand. Les habitués étaient nombreux à venir gaspiller un peu de temps quand leurs femmes avaient le dos tourné. Chacun occupait sa place sur la banquette moleskine où les pensées de la veille n'attendaient que le souffle du jour nouveau pour galoper à travers la salle. Ainsi on partageait un rien de météo en bavardant avec Bernon. On évoquait le départ à la retraite de Monvoisin, un bonhomme rigolo, qui semblait avoir abandonné son menton dans le ventre de sa mère.
« Rouge coupé pour tout le monde ! »
Berthe passait de l'un à l'autre pour verser le vin rouge qu'elle allongeait d'un trait d'eau avant de regagner sa cuisine où il faisait toujours une chaleur d'enfer. Là, sur le poêle en colère, il y avait un civet, une daube, une blanquette selon les jours. Ducasse n'était pas encore passé par là pour alléger ces casse-croûte de quartier, et les parfums sacrés des plats mitonnés envoûtaient les habitués. Une tranche de saucisson à 9 heures, un rien de pain, une chopine,

et midi pouvait sonner, chacun était prêt pour le déjeuner. Berthe, lavette à la main, récupérait les miettes de pain dans le creux de sa main et les portait jusqu'à son poisson rouge qui gardait le comptoir. Ce poisson rouge a dû manger l'équivalent de quatre pains de trois livres durant sa longue existence. Au rythme du poisson, mon frère et moi, nous gobions ces moments, un verre de limonade à la main, sans deviner qu'un jour, je m'en nourrirais.

Salut Berthe !

Sauté d'agneau aux olives

Pour 4 personnes

1 kg de collier d'agneau
4 belles tomates mûres
4 branches d'origan frais
4 gousses d'ail
2 anchois salés à l'huile
100 g d'olives noires dénoyautées
2 cuillerées à soupe d'huile d'olive
25 cl de vin blanc sec
1/2 morceau de sucre
2 branches de menthe fraîche
2 branches de persil plat
1 poignée de raisins de Smyrne
sel, poivre mignonnette

Mondez les tomates après les avoir plongées quelques secondes dans de l'eau bouillante et concassez-les grossièrement.
Effeuillez l'origan et pelez les gousses d'ail. Hachez finement l'ail, l'origan, les anchois, les olives noires et les tomates concassées.
Dans une cocotte, faites dorer les tranches de collier d'agneau dans l'huile d'olive sur les deux faces. Ajoutez le hachis, 10 cl d'eau chaude, le vin blanc et le sucre. Salez, ajoutez un peu de poivre mignonnette, portez à ébullition. Couvrez, baissez le feu et faites cuire 1 h 30 sur feu doux, jusqu'à ce que l'agneau soit tendre. Vérifiez l'évaporation et ajoutez de l'eau si nécessaire.
Pendant la cuisson de l'agneau, effeuillez la menthe et le persil et hachez les feuilles au couteau. 10 minutes avant la fin de la cuisson, prélevez un peu de la sauce et servez-vous en pour détremper les raisins secs.
Rectifiez l'assaisonnement ; servez le sauté d'agneau parsemé des raisins et du hachis de menthe et de persil. Accompagnez d'un riz blanc.

Jarret de porc caramélisé en parmentier

Pour 4 personnes

- 2 jambonneaux de porc frais
- 2 oignons moyens
- 2 carottes
- 2 gousses d'ail
- 2 tranches de poitrine fumée de 5 mm d'épaisseur
- 2 cuillerées à soupe de saindoux
- 1 belle branche de thym
- 10 cl de vinaigre de vin
- 3 belles cuillerées à soupe de miel
- 20 cl de jus de veau
- 800 g de pommes de terre charlotte
- 100 g de beurre + 20 g pour le gratin
- lait chaud (quantité variable)
- 30 g de chapelure
- sel, poivre mignonnette, poivre du moulin

Taillez les oignons et les carottes en petits dés (mirepoix). Écrasez l'ail. Taillez la poitrine fumée en lardons. Préchauffez le four à 160 °C (th. 5-6).

Dans une grande cocotte, faites revenir les jambonneaux dans le saindoux sur feu moyen. Retournez-les régulièrement afin de faire dorer toutes les faces. Ajoutez la mirepoix de carottes et d'oignons, l'ail, le thym et les lardons. Faites colorer quelques minutes sur feu moyen, le temps de caraméliser légèrement la garniture aromatique. Lorsque l'ensemble a pris une belle coloration, déglacez avec le vinaigre. Laissez bouillonner quelques secondes, puis ajoutez le miel et le jus de veau. Mélangez bien. Salez, ajoutez un peu de poivre mignonnette, couvrez la cocotte et faites mijoter au four 2 heures environ, jusqu'à ce que les jambonneaux soient très fondants et que leur couenne se détache de la chair. La garniture doit être bien caramélisée. La cuisson ne doit pas trop s'assécher ; ajoutez de l'eau si elle réduit trop. Surveillez, pour ce faire, la cuisson toutes les demi-heures.

Pendant ce temps, préparez la purée. Lavez et brossez les charlottes et faites-les cuire à l'eau salée jusqu'à ce qu'elles soient bien tendres (de 20 à 30 minutes). Rafraîchissez-les sous l'eau froide et pelez-les. Passez-les au presse-purée dans une casserole et tournez la purée avec une spatule en ajoutant le beurre en petits morceaux et un peu de lait pour détendre légèrement la purée, qui doit être consistante mais pas trop compacte. Salez, poivrez.

Quand les jarrets sont cuits, filtrez le jus de cuisson. Laissez-le un peu réduire à consistance sirupeuse. Désossez les jambonneaux, taillez la chair et la couenne en petits morceaux. Liez-les avec le jus réduit. Portez la température du four à 200 °C (th. 6-7). Dans une terrine ou une cocotte, montez le parmentier en intercalant des couches de purée et de jambonneau. Terminez par une couche de purée, saupoudrez de chapelure, parsemez de noisettes de beurre et faites gratiner 25 minutes au four. Servez chaud, 10 minutes après la sortie du four.

Oranges sanguines au four

Pour 4 personnes

4 oranges sanguines
60 g de beurre
4 cuillerées à soupe de sucre
2 œufs
2 cuillerées à soupe de crème fraîche
12 cl de lait
1 verre à liqueur de Grand Marnier

Préchauffez le four à 200 °C (th. 6-7).
Pelez les oranges à vif, prélevez les segments à l'aide d'un couteau. Pressez les membranes restantes dans votre main pour en extraire le jus et réservez celui-ci dans un bol.
Faites fondre 30 g de beurre dans une poêle, faites-y revenir les segments d'orange quelques minutes. Ajoutez 2 cuillerées à soupe de sucre en fin de cuisson et laissez caraméliser quelques instants. Déglacez ce caramel avec le jus réservé et laissez réduire à consistance sirupeuse.
Rangez le contenu de la poêle dans un plat à gratin. Ajoutez le reste du beurre en noisettes et saupoudrez du reste de sucre.
Battez les œufs avec la crème fraîche, le lait et le Grand Marnier. Versez ce mélange sur les oranges et faites cuire 15 minutes au four.
Vous pouvez également préparer ce dessert avec des pommes. Dans ce cas, remplacez le Grand Marnier par du calvados et prolongez le temps de cuisson si nécessaire, jusqu'à ce que les pommes soient bien tendres.

INDEX

Légendes

Page 83 :
Un cassoulet qui mérite le Goncourt... En compagnie de Christian Constant et Yann Queffélec.

Pages 124-125 :
Sur le marché, avec Cristina, la jolie maraîchère, et M. Hervé Marseille maire de Meudon. Comme quoi, la politique se croque toujours entre la tomate et le filet mignon !

Page 151, de haut en bas :
Olivier Desch, Rémi Duprat, les amis, et le bel acteur Roger Hanin... Les rôles du jour se distribuent au comptoir.

Avec Bernard, du bistrot Le Montana.

Avec Monsieur Jean-Louis, en route pour un voyage gourmand !

Sur cette page, de haut en bas :
En cuisine avec Alain Dutournier.

À Europe 1, *avec Yves Calvi, réflexion sérieuse pour choisir le restaurant !*

Quand le sancerre est frais, tout va ! En compagnie de Patrick Ringeard et Patrick Derdérian.

Préparation des émissions à Europe 1.

Remerciements

À Sylvie Désormière, Cris Dupouy, Sophie Brissaud, Mathieu Garçon, Nà Luther, Francis et une poignée d'amis qui, sous la menace du fouet, sont obligés de reconnaître que je suis le meilleur cuisinier de la Terre. À Louise et Antonin, héritiers directs de mes cocottes, casseroles et autres sauteuses.

Au petit Kostia, d'un an, qui nous a prêté sa frimousse pour le pique-nique ainsi qu'à Thomas et à Émile, les fils de Mathieu.

À toutes les maisons qui ont collaboré à ce livre en prêtant des objets :

Société Staub
Mme Rosette Giorello
2, rue Saint-Gilles
68230 Turchkiem

Maison La Cornue
M. Vincent Jung
18, rue Mabillon
75006 Paris

Deyrolle (SA)
Mme Dominique Guérault
46, rue du Bac
75007 Paris

Pierre Frey
Mme Dominique Gay
1, rue de Furstenberg
75006 Paris

L'Artisanie
Mme Annie Fouche
61, rue de la République
92190 Meudon

Mis en demeure
27, rue du Cherche-Midi
75006 Paris

Monoprix Meudon
La direction
41, rue de la République
92190 Meudon

Anne-Marie Troillard-Chaboche
15, rue Henri-Barbusse
92190 Meudon

Auria
Pressing des gardes
17, rue de la Tour
92190 Meudon

Achevé d'imprimer en septembre 2003
sur les presses de l'imprimerie Pollina, à Luçon - n° L90937
Dépôt légal : octobre 2003
Imprimé en France